人情练达

Good Manners

将心比心的善良
是最高级的修养

罗 金 ◎ 编著

北京时代华文书局

图书在版编目(CIP)数据

人情练达：将心比心的善良,是最高级的修养/罗金编著. --北京:北京时代华文书局, 2021.5

ISBN 978-7-5699-4175-3

Ⅰ.①人… Ⅱ.①罗… Ⅲ.①心理交往-通俗读物 Ⅳ.①C912.11-49

中国版本图书馆 CIP 数据核字 (2021) 第 089526 号

人情练达:将心比心的善良,是最高级的修养

Renqing lianda: Jiangxinbixin de Shanliang, shi Zui Gaoji de Xiuyang

| 编 著 | 罗 金

| 出 版 人 | 陈 涛
| 项目统筹 | 石冠哲
| 责任编辑 | 李 兵
| 装帧设计 | 天下书装
| 责任印制 | 訾 敬

| 出版发行 | 北京时代华文书局 http://www.bjsdsj.com.cn
　　　　　 北京市东城区安定门外大街 138 号皇城国际大厦 A 座 8 楼
　　　　　 邮编：100011　电话：010-64267955　64267677

| 印　　刷 | 三河市天润建兴印务有限公司　13603367195
　　　　　 (如发现印装质量问题,请与印刷厂联系调换)

| 开　　本 | 880mm×1230mm　1/32　印 张 | 6.125　字 数 | 136 千字
| 版　　次 | 2021 年 10 月第 1 版　　　 印 次 | 2021 年 10 月第 1 次印刷
| 书　　号 | ISBN 978-7-5699-4175-3
| 定　　价 | 48.00 元

版权所有,侵权必究

前言
Preface

1

"世故"这个词,对于一些血气方刚、非黑即白的年轻人来说,是个不折不扣的贬义词——在这些年轻人的认知里,人应该活得有棱有角,纵马扬鞭,一醉春风,闪闪发光,多一些真诚,少一些套路。如果有"过来人"劝他们世故一点,圆滑一点,那么这个人很容易就被他们拉进黑名单中……

但随着生活阅历的丰富,他们慢慢会明白,"世故"并非是绝对的贬义,它包含了人和人交往中的一些基本准则:比如,有些大实话并不一定要如实讲出来,捅破了那层窗户纸反而会无形中伤害到某些人;比如,有时别人只是礼貌性地客气一下,你切不可当真;比如,不要轻易在他人面前展现你的优越感,因为这很容易让你遭到众人的孤立;比如,即便关系再好,相处时也要拿捏好尺度与分寸感;比如,千万要远离那些经常喜欢背地说人坏话,喜欢抱怨的人……

2

于是,有些年轻人开始迷茫、痛苦,还有些人甚至走向另一个极端,拼命地强迫自己去学习"人情世故",将一些"旁门左道"熟稔于心:他们学会了两面三刀,学会了玩弄心计,学会了推卸责任,学会了弄虚作假……他们将这些"转变"看作自己的成长,认为自己已经从稚嫩走向了成熟,殊不知,悄无声息之中,他们正在经历的现实早已与曾经的梦想背道而驰。

社会是一个大熔炉,"人情世故",我们应该一分为二地对待。一方面,在与人相处中,我们不能太过精明诡诈,处处设防。一个人如果总是工于心计,是难以交到挚友的。另外一方面,我们也不能太过老实,不能成为小人利用的对象,我们既要懂得彼此尊重,也要懂得趋利避害。所谓"人情练达即文章,世事洞察皆学问",说的正是这个道理。

3

很多人都经历过从"非黑即白"到"洞察世故"的阶段,屡次挣扎,几番纠结之后,最终明白了"知世故而不世故"的道理。明白了做人的基础,是善良、真诚、宽容,也拥有了不被恶人利用自己作威作福的方法与手段,为自己争取正当权益的同时,不去损害他人的权益。

周国平在《灵魂只能独行》里说:"许多人所谓的成熟,不过是被习俗磨去了棱角,变得世故而实际了。那不是成熟,而是精神的早衰和个性的消亡。真正的成熟,应当是独特个性的形成,真实自我的发现,精神上的结果和丰收。"

前言

如果我们能够在饱经忧患、历经风霜后,还能够不忘初心、温暖纯良,那就是真正的"知世故而不世故",也是一种得体的成熟。

生活最终会奖励那些用善良和人品作底子,用平和的心态去面对世界,同时又懂得带点锋芒的人。"知世故而不世故,历圆滑而留天真。"阅尽千帆,你终将明白,世间所有的惊喜和好运,都是你积累的人品与善良。

目 录
Contents

第一章
不是有趣的灵魂难遇，而是志趣相投的人不多 …………… 1
1. 好的人际关系，从称谓开始 ……………………… 2
2. 都是成年人了，别总拿自己当主角 …………… 4
3. 如何才能流畅地夸出"彩虹屁" ………………… 7
4. 千万别当"应声虫" ……………………………… 9
5. 为什么说太客套的人没朋友 …………………… 12
6. 戳到痛处的玩笑都不好笑 ……………………… 14
7. 别说大话，容易让人说闲话 …………………… 19

第二章
志同道合的人，才会喜欢同一片风景 …………… 23
1. 让对方畅所欲言 ………………………………… 24
2. 时机不对，努力白费 …………………………… 27
3. 我有一个小秘密，不能告诉你 ………………… 29
4. 有一种修养叫"看透不说透" …………………… 33
5. "场面话"不可不说，但不可全信 ……………… 36
6. 关于那些你不知道的内幕 ……………………… 38
7. 放下面子，不等于失去尊严 …………………… 40

第三章

你的肩头应该担起草长莺飞和清风明月 ········ 43

1. 你要学会做一个最佳配角 ·················· 44
2. 有人的地方就有江湖 ······················ 48
3. 和不完美的自己握手言和 ·················· 50
4. 你的不自律,正在慢慢毁灭你 ··············· 54
5. 这个时代不存在怀才不遇 ·················· 59
6. 孤独是你最好的增值期 ···················· 63

第四章

即便身陷泥沼,依然有仰望星空的权利 ········ 67

1. 求真学问,练真本领 ······················ 68
2. 别把功夫用在做"表面文章"上 ············ 70
3. 遵从自己的内心 ·························· 73
4. 不做沉默的羔羊 ·························· 76
5. 任你七十二变,我自有火眼金睛 ············ 79
6. 层次越高的人,越懂得说"不" ············ 82
7. 打开心门,遇见知己 ······················ 84

第五章

升级你的格局,不在琐碎的事情上沉溺 ········ 87

1. 爱钻牛角尖的人,活得很痛苦 ··············· 88
2. 明智地放弃,胜过盲目地执着 ··············· 91
3. 别临时抱佛脚,船到桥头未必直 ············ 94

4. 你最大的敌人，是思维定式 …………………… 97
5. 见势出招，见招拆招 …………………………… 101
6. 保持独立思考，不做"墙头草" ………………… 103

第六章
别死要面子活受罪，也别硬邦邦地说"不" ………… 107
1. 我生来平庸，也生来骄傲 ……………………… 108
2. 朋友向你借钱时，你怎么办 …………………… 111
3. 没有人要求你是百科全书 ……………………… 116
4. 掌握说"不"的艺术 …………………………… 119
5. 量力而行，别被人情套牢 ……………………… 125
6. 请婉言谢绝老板的"邀请" …………………… 129
7. 一定要把握好"高帽"的大小 ………………… 132

第七章
慢品人间烟火色，闲观万事岁月长 ………………… 137
1. 一生，总在得失之间 …………………………… 138
2. 学会辩证地看待吃亏 …………………………… 140
3. 贪小利者无大谋 ………………………………… 144
4. 利不可独，谋不可众 …………………………… 147
5. 要埋头苦干，也要抬头看天 …………………… 150
6. 谈钱不伤感情 …………………………………… 153
7. 你好，陌生人 …………………………………… 156

第八章

一腔孤勇又如何，单枪匹马你别怕 ············· 159

1. 不乱于心，不困于情 ············· 160
2. 以出世之心，行入世之事 ············· 162
3. 不能随心而欲，那就随遇而安 ············· 166
4. 心无挂碍，当下不杂 ············· 169
5. 岁月安然，寂静欢喜 ············· 172
6. 再长的噩梦，也会被晨曦撕碎 ············· 174
7. 月光下饮酒，归来仍是少年 ············· 179

第一章

不是有趣的灵魂难遇，
而是志趣相投的人不多

1. 好的人际关系，从称谓开始

人们在正常交往应酬中，如何称呼别人很重要。无论是在工作中还是生活中，我们对他人所说的第一句话就是称呼，可见称谓的重要性。亲切、准确、合乎常规的称谓，能够迅速定位彼此之间的关系，不仅能体现对对方的尊敬和自身的文化素质，更能促使交际的成功。

在很早之前，社会心理学家就发表过关于得体的称呼有助于形成和谐亲密人际关系的观点。比如，我们见到长辈，无论如何，首先让对方得到心理上的满足，才能够继续地交流，相反，因为称谓而导致长辈们不愉快，往往十分尴尬。称谓得体是件很严肃的事情，是决定我们人际关系和谐与否的重要一环。因此，无论我们是何种职业，都应该认真研究人际称呼的技巧，以避免不恰当的称谓。

其实，针对称呼一说，一直以来，并没有什么统一的标准，因为有着地域差异、民族差异、语言差异，从称谓上来说，不尽相同。然而，有一条，无论地区为何、民族为何，礼貌尊重总是共同的，只是，还是需要注意以下几点：

首先，你要记住对方的名字。

我有一个朋友就从来记不住别人的名字。无论是领导还是客户，她从来都称呼对方为"亲"。她自己还振振有词，觉得

第一章
不是有趣的灵魂难遇，而是志趣相投的人不多

"亲"字亲近，只是大家难免有些不满，毕竟，姓名还是有所不同，从来都记不住别人的名字，时间久了，难免会被人视为不尊重。虽然我的这位朋友很委屈，但作为一个被她记不住名字的朋友而言，我其实是能够理解其他人的抱怨的，毕竟，谁也不喜欢被当淘宝的客户看待，谁都很珍惜自己的名字。

其次，年龄对称谓很重要。

很多时候，我们称呼别人，都是根据对方的年龄、性别、职业等身份情况来衡量。无论是谁，我们只要表达出自己的真诚，扮演好我们的角色，礼貌周到就好。只是，如果我们敷衍地去称呼别人时，大概是无法让别人感觉到真诚的。

再次，礼节也需有序。

如果你参加聚会突然需要和一大群人打招呼，那你首先是要与长者问好，其次是女性，最后才是同龄人，即便是同龄人，也要先与生疏的朋友问好。并没有什么统一的规定，只是尊重而已。

最后，合适而又得体的介绍。

我们初次见面的时候，总难免被介绍与自我介绍。按照惯例，如果是介绍异性认识，那么，首先要对男士介绍女士，但如果年龄差异过大，将以年龄为主。如果在人多的聚会上，又有不同，大部分为自我介绍，此时，就要考验自我介绍是否具有人格魅力了。

总体而言，这四条并不是依次而为，只是想要更尊重地称呼别人，根据场合，选择更得体的称呼语，才能收到最理想的称呼效果。

2. 都是成年人了，别总拿自己当主角

很多人在交谈中容易犯这样的毛病：一旦他们打开话匣子，就难以停止，以为这是表现自己好口才的最好机会。可是，如果朋友聚在一起谈话，当中只有一个人口若悬河，让其他人插不上话，这就会让在场的其他人感到无可奈何甚至愤怒。毕竟这只是个聚会，又不是某个人的演讲大会。

很多时候，话多并不是一件好事，你一味地表达，非但无法了解别人的意思，也可能会传达一些对自己不利的信息。

林先生在某个专卖店看好了一件毛衣，然而，他不知道这件毛衣是否掉色，于是想询问一下售货员。

可是，没等林先生开口，一位售货员就走过来说："先生，您喜欢这件毛衣是吗，您的眼光真好，这可是我们刚进来的新货。"

"哦，可是……"

"您放心，我们是专卖店，所有的商品都是厂家统一定价，如果您怕在价格上面吃亏，就完全没有必要。"

"我知道，但是……"

"您还有什么'但是'的，这件衣服可是外贸货，就这么一件呀。您要是错过了，恐怕整个北京城您都再找不出第二

第一章
不是有趣的灵魂难遇，而是志趣相投的人不多

件来。"

"不是，我是说……"

"哎呀，您就别犹豫了。这么好的衣服，价格也不贵。您看看，这件衣服的质量差远了，还两百多呢。三百块钱买这件毛衣可是捡了大便宜了。"那位售货员指着另外一件毛衣说。

"小姐，麻烦你听我说一句好不好，我只是想知道它会不会掉色。不过现在不管掉不掉色，我都不想买了。"然后扭头走出了店门。而那个售货员却还没反应过来，一脸茫然地站在那里。

曾经有人说过，做销售的人口才反而不能太好。想想看，口才太好，就容易口若悬河，对方只能干着急——总插不上话啊。一个回合下来，你倒是一吐为快了，可是人家客户就不爽了，想说的话刚要出口就被你给顶了回去，回回欲言又止。结果，你的好口才不仅没给人留下好印象，反而还吓跑了客户。

有一次，基尔先生与另外两个厂家代表一起到美国最大的一家汽车工厂参与一笔订单的竞争，因为订单数额庞大，导致竞争非常激烈。已经到了最后一次竞争会议，基尔先生却因为嗓子肿痛，哑得几乎不能发出声音。当他被带进办公室，与纺织工程师、采购经理、推销主任及该公司的总经理面谈时，因为没办法说话，他只好在本子上写了几个字："诸位，很抱歉，我嗓子哑了，不能说话。"他以为，他因为无法阐述自己产品的优点，会失去这次机会。

可是，汽车工厂的总经理却说："我替你说吧。"他也真的替基尔介绍了产品。他陈列出基尔带来的样品，并称赞它们的优点，于是引起了在座其他人活跃的讨论。而总经理在讨论中也一直替基尔说话，基尔只是微笑点头或做少许手势。

令人惊喜的是，最后得到那笔合同的竟然是基尔先生，这是基尔第一次得到这么大的订单。

让人想不到的是，回去以后，基尔跟他的同事们说："我知道，如果不是我实在无法说话，我也许会失去这笔合同，因为我对于整个过程的考虑也是错误的。通过这次经历，我真的发现，让他人说话有时是多么有价值。"

英国文豪托马斯·卡莱尔有句谚语："雄辩如银，沉默是金。"我们的生活和工作遇到争论的时候，首先要懂得沉默。当你把注意力从表达转移到倾听时，会更充分地了解到别人想要表达的意思，也只有这样，才会知晓对方的需求，才会更有针对性地表达，更能被别人接受。

因此，在与人谈判或者聊天的时候，与其自己唠唠叨叨地多说废话，还不如让别人痛痛快快地去说话，这样反而会得到意想不到的成功。

3. 如何才能流畅地夸出"彩虹屁"

我们都知道，想要维持好的人际关系，就要学会夸奖别人。那是对别人的一种认可，更是一种尊重。通过赞美，我们能让别人了解我们的善意与真诚，是经营人际关系的重要环节。可是如何去赞美一个人呢？

虽然，我们大部分人都喜欢听好话，但人人都会说的好话，听多了也并不会觉得是一种赞美，反而感觉只是客套的应酬话而已。只有发自内心的赞美之言，才能够让人感觉到尊重。

如果想让别人相信你的赞美，接受你的赞美，就需要让你的赞美变得"中肯"。其中，最重要的是要注意分寸。

首先，时机要及时。 其实日常生活中，并不需要我们去仔细观察，稍微留意，就会很容易发现家人朋友以及同事们的优点。只是，我们一定要注意赞美的时效性。只有在别人最期待赞许的时刻，我们及时奉献上赞美才有意义。当你朝夕相处的同事突然换了发型，如果此时你告诉她，新发型非常适合她，特别漂亮，她一定会特别开心。可是你过了几天之后，才恍然发觉到她换了发型，无论你赞美得如何诚恳，她也不会太有认同感。

其次，内容要巧妙。 有一次，我看见同事买了一件风衣特

7

别好看,问她在哪家买的。她说,就是在上次你推荐给我的那家店买的,我在她家买了好多衣服。虽然同事并没有直接夸赞我的眼光好,可是她的行为已经让我知道,她特别赞同我的审美,这让我感觉特别舒服。

再次,动机要真诚。 无论是什么情况,我们去夸奖别人时,一定要发自真心,而且是诚恳地去夸赞对方引以为傲的地方。我们可以羡慕富二代的幸运,钦佩创业者的能力,女模特的漂亮,反之,如果你去夸奖一个相貌普通的女领导如何漂亮,无论你态度表现得如何真诚,对方必定质疑,甚至反感你所有的言语。而如果你认真地了解过她,你知道她热爱阅读,并且经常有作品发表,称赞她才华横溢并谈论她的作品,她一定会从内心认同你的赞美。

最后,程度要恰当。 因此,当你赞美一个人时,要实事求是,不可太过高调,适宜地赞扬,比夸张地吹捧更为妥帖。宋玉曾经说过,"增之一分则太长,减之一分则太短",也是同样道理。

而当你夸赞别人时,切不可遗忘的是:适度、适宜、适中。

适度是指胡说八道、夸大其词、评价失衡、张冠李戴式的赞扬是难以起到正面效应的。你太言过其实,难免会被别人透过你的溢美之词,看到内心的动机。

适宜是指所谓千人千面,每个人都各有不同,年龄不同、性格不同,都应该因人施策,"区别"待之。例如,A朋友喜欢看史书,你大可买史书送给他;可你买一大堆史书送给不喜欢历史的 B 朋友，自然达不到好效果。

适中是指在一定的时间段中，你称赞的次数太少，不被在意，起不到作用；次数多的话，难免厌烦，效果也会被打折。毕竟没有人会珍惜"泛滥"的夸赞。

4. 千万别当"应声虫"

大家都有经验，我们都不喜欢和别人聊天时，对方处处抬杠、固执、主观臆断、坚持己见，这样的人肯定不会受欢迎；可是，有些人就像个应声虫似的，无论你说什么，他都不假思索地应声附和，这样又会让人觉得太过虚假，也会觉得他对你的谈话没有兴趣，所以才会只是敷衍地赞同。

可是，应该如何聊天才能不让人感觉是敷衍赞同呢？又该如何正确表达自己的认同感呢？

有一年公司年终评选会上，办公室推荐的人选为李宏伟，认为他应当评为先进工作者。推荐理由为：他出色完成本职工作的同时，还帮助同事小刘排忧解难；还利用业余时间签了几笔公司业务。当时其他同事持反对意见，主要是认为小刘和李宏伟是同一个部门，理当互相帮助；而签约业务有奖金，不能算是先进。

会议上，有人同意，有人反对，众说纷纭。后来，李宏伟

人情练达
将心比心的善良，是最高级的修养

的部门主任站起来说："虽然李宏伟与小刘是同一部门，但每人都分工不同，该部门员工那么多，只有李宏伟帮助小刘，这就是乐于助人精神的体现。推广业务是有奖金，这也是事实。可是，如果人人都能像李宏伟那样关心同事、热爱公司，我们公司不是会更好吗？"一席话，说得大家心服口服，最终，意见得到了统一。

部门主任的话显然是附和办公室推荐的，他本人非常赞成评选李宏伟为先进工作者。但部门主任并没有只是简单地表态说同意，而是清楚表明自己赞同的理由，统一了大家的观点。

因此，当你表达自己的观点时，一定要讲出道理，而且要具体，用事实说话，要有自己的见解。

同样是附和，"我赞成""我也同意"之类的言语，太简单和俗套，很容易被人误以为没有想法。可是，当你说出自己的见解，并让大家了解，你并不是人云亦云地附和，这样就更容易被大家接受和认可。

需要注意的是，有些场合，并不需要附和。

李雅、王琳和刘莹是三个高中时代的闺蜜，结婚生子后还保持着定期的小聚。

一次，王琳吐槽自己小学六年级的孩子学习成绩不好，她说："孩子老师也说，我孩子特别聪明，就是不用在读书上面。眼看着要上初中了，我心里很急。"

李雅随口附和道："是啊，你家的孩子就是心思不走正路

10

第一章
不是有趣的灵魂难遇，而是志趣相投的人不多

的那种小孩，聪明没有用，心不用在读书上。"

王琳听了后很不高兴，只好说："反正我们买好了一个学区房，不过现在的学区房确实贵，配套也不方便，我和孩子他爸爸上班离那又远，辛苦死了。"

李雅又不过脑子地附和说："学区房就是贵，很多家长都这样辛苦。"

这一来王琳简直不想说话了。此时，一直没说话的刘莹接了话茬："你跟你老公上学时候就是学霸，而且你初中时候学习也是贪玩成绩不高，可后来不还是我们班的学霸么？我觉得你家孩子就像你，大一点知道学习了就好了，父母才是孩子最好的学区房对不对？"

王琳这才心情好了起来。

事后，刘莹告诉李雅："当你附和别人的时候，需要注意，对方到底想要听的是什么，敷衍地附和，只会让人听了更加不高兴，反而事与愿违了。"

因此，无论我们与谁交谈，都要利用技巧去得到对方的信任，再去阐述自己所附和的观点。这样一来，对方就不会误以为你只是个随声附和的"应声虫"，也更能体现出你的随和、大度和魅力。

11

5. 为什么说太客套的人没朋友

我们大家都明白，我们的礼仪文化就是礼貌，人与人之间相互帮忙都要说"谢谢"；倘若无意间触犯了别人，就要说"对不起"；多年未见的朋友突然见面，彼此要寒暄一阵子……而这些，倘若做得恰到好处，也就无可厚非。可是，如果我们太过注重礼节、太客套、太拘谨，反而会因人物、场合的不同，会有"见外"的嫌疑，尤其是和那些比较熟悉的人太讲究客套，感情也会渐渐疏远。

弗兰西斯·培根曾说过："人与人之间最大的信任就是关于进言的信任。"的确是这样，对于我们所熟悉的人，"客套"往往会让我们之间疏远，倒不如真诚一些，才能够和对方关系密切。

然而，虽然我们极力提倡不能过于客套，适当的客气还是要讲的；否则，别人只会以为你不尊重他，或者对他有成见，结果只会令他人对你敬而远之。

李可和张莹是从小玩到大的好姐妹。不同的是，李可活泼开朗，热情外向；而张莹和熟悉的人在一起还好，人多时，少言寡语，总有些紧张害羞。

有一回李可的同事过生日，李可就拉着张莹一起参加，说

第一章
不是有趣的灵魂难遇，而是志趣相投的人不多

张莹朋友太少，要给她多介绍几个朋友。

聚会在同事家里的客厅举办，客厅不是很大，沙发堵在了墙角。沙发上一共坐着八个人，坐在里面的不方便出来。张莹坐在沙发的外面，拿一些小东西，或者给里面的人倒杯水就成了张莹的任务。

每次让张莹做这些，里面的人都有些不好意思。张莹都说："没事没事的。"李可仗着和张莹的关系好，就也跟着说："没事，反正张莹坐在外面。再说，她是个热心的人，你们要什么尽管吩咐她。"张莹不说话，只是笑笑。

后来大家聊得高兴，便没有人在意这些了。李可便在一边指挥："张莹，这里没有水了，过来加点水。""张莹，把那本书拿过来，我要看。""张莹，去换首歌听。"张莹本来就和李可的朋友不熟，看到李可像指挥服务员一般指挥她，心里就更憋了一口气，后来，没等聚会结束，她就借口肚子不舒服离开了。

在现实生活中，有很多人为了在别人面前表现自己与朋友之间的亲密无间，特别喜欢用尖刻词语嘲讽自己的朋友；还有一些人，人多的时候就忘乎所以，极其喜欢表现自己，总爱打断别人的对话。虽然并没有恶意，只是单纯地喜欢表现，可是人多的时候，大家都比较讲究面子。即便是特别熟悉的同事和特别亲密的朋友，也不能不分场合地随意开玩笑，也需要适当讲究客气，不能过于随便。

因此，不要仗着关系好就做让朋友为难的事情。无论有多熟悉，多亲密，都不能失了客气，这是人与人之间交际的底线。

人情练达
将心比心的善良，是最高级的修养

6. 戳到痛处的玩笑都不好笑

不可否认，开玩笑有利于拉近和朋友、同事的距离，增进团结、友谊。但是，开玩笑也要遵守基本原则，对别人要有最起码的尊重。

总而言之，开玩笑要把握分寸，把握度。所谓玩笑玩笑，笑了才好玩。只要你能把握好限度，适当开开玩笑，才会拉近与朋友、同事的距离。如果一旦没有分寸地乱开玩笑，那你就会失去朋友或同事的友谊。

尤其是那些职场人士，在办公室开玩笑更要注意开玩笑的艺术，哪怕是最轻松的玩笑话，都要注意掌握分寸。

首先，我们不能够因为彼此熟悉，就可以随意取笑对方的缺点。人往往对自己的弱点都十分在意，遇到比较敏感的朋友，就会觉得你是在冷嘲热讽，那么你会因一句无心的话而触怒他，以致毁了两个人之间的友谊，或使同事关系变得紧张。毕竟，言语造成的伤害，是无法用言语弥补回来的。即便你郑重地解释，也无济于事。

其次，职场人要记住，最好不要开上司的玩笑。上司永远是上司，不要期望在工作岗位上能和他成为朋友。即便你们以前是同学或是好朋友，也不要自恃过去的交情与上司开玩笑，特别是在有别人在场的情况下，更应格外注意。

第一章
不是有趣的灵魂难遇，而是志趣相投的人不多

段玉红是个聪明的女孩。她脑子快、思维敏捷，还有丰富的幽默细胞，是公司的一颗"开心果"。

段玉红工作也非常努力，有时为了赶时间，一大清早就要赶到客户那里谈业务。有一次，她又一大早跑到客户那里谈业务，直到下午才满身疲惫地回到办公室，可是老板不仅不体谅，还不分青红皂白地说她迟到、旷工。段玉红试着跟老板解释，但老板直接扭头就走。段玉红委屈极了，向朋友诉苦。朋友反问她："你是不是什么地方惹到老板了？"

段玉红回忆了一下，说："没有啊，老板对我一向很好，平时开玩笑也不生气。"

朋友说："这就对了，你是不是开玩笑的时候没有注意言辞。"

段玉红如醍醐灌顶一般！原来，段玉红平时就爱与同事开玩笑，后来因为老板觉得她年纪小对其很是照顾，而且老板平时斯斯文文，对下属总是笑眯眯的，时间一长，她跟老板也开起了玩笑。一天，老板一身簇新地来上班，灰西装、灰衬衫、灰裤子、灰领带。当着众同事的面，段玉红夸张地大叫一声："老板，今天穿新衣服了！"老板听了咧嘴一笑，还没来得及品味喜悦的感觉呢，段玉红接着来了句："怎么像个大灰狼！"老板的脸马上就僵了，转头就走了。

段玉红原本只是想和老板"套近乎"，却没想到弄巧成拙。在我们的生活中，这样的事例不在少数。在当事人眼里，

人情练达
将心比心的善良，是最高级的修养

这不是开玩笑，而是作弄人。我们要明白，捉弄别人是对别人的不尊重，会让人认为你是恶意的，而且事后也很难解释。它绝不在开玩笑的范畴之内，轻则会伤及你和同事、上司之间的感情，重则会危及你的饭碗。

此外，不要和异性同事开过分的玩笑。因为异性同事之间，分寸很难拿捏，稍不注意，便会引发尴尬，弄巧成拙。如果，拿捏不好分寸，宁可不开玩笑。

其实，生活当中适当的幽默，不仅能够化解人与人之间的尴尬陌生，无形间拉近人与人之间的距离，还能轻松化解一些不必要的矛盾。而且，幽默本身就是智慧与才华的诠释，大家都喜欢和幽默的人交朋友，因为轻松且有趣。只是，恰当的幽默能够使人愉悦，如果不小心把幽默变成嘲讽，不但起不到积极的作用，反而因出言不慎，轻则弄得彼此间尴尬，重则会导致朋友、同事间关系的决裂！

若彤生性活泼，为人处世也很机灵、幽默，但就是有些时候，说话口无遮拦，不顾及他人的感受，因此也得罪了不少人。

就拿最近她和好朋友、好同事张景天来说吧，她们在同一家公司上班，两人经常在一起，所以导致张景天经常成为若彤的"打击"对象。

张景天因为受母亲的遗传很小就开始掉头发，尽管到处求医，花了不少钱，可现在头发还是脱落，稀疏的头发下能明显地看到一片片头皮。为此，她不得不买假发戴上。

第一章 不是有趣的灵魂难遇，而是志趣相投的人不多

为此，若彤常常自以为幽默地拿张景天的头发开玩笑，说她戴了一顶"皇冠"，有时还建议她去给假发染发……

张景天一直很反感，但由于是好同事，她也不好发作翻脸，有时笑笑，有时说对方两句，大多数情况下只好忍着，但心里却异常痛苦。

有一次，单位搞聚会，若彤非要给张景天的假发梳辫子，这分明就是在难为张景天。虽然张景天一再拒绝，但是，若彤并没觉察到自己的过分，当着众人的面，强行给她扎起了小辫。情急之下，张景天当场就跟若彤吵了起来。从此，两人便彻底断绝关系了。

其实，在生活中，幽默一不小心就会变成嘲讽，那么开玩笑的人也往往会被视为"刻薄"，就会容易引起他人反感。如果你原本心存善意，只是为了调节气氛，那么请在开口之前先过一遍自己的大脑，否则你一句无意的话却给别人带来不必要的伤害。但如若你发现自己是那种忍不住挑剔别人的人，那就要努力克服自己的人性弱点，学会宽容，学会发掘别人的优点，慢慢改变"刻薄"的形象。

夏娟人很聪明，心地也好，就是说话嘴上没把门，同样都是一句玩笑话，从她嘴里说出来，就感觉好像变味儿了，一不留神，就把别人给惹怒了。

有一次，夏娟和同事们在一起聊天，一个挺丰满的女孩说："杂志上讲其实我们每个人的身体真正需要的营养比实际

17

摄入的要少很多,发胖在很大程度上是因为没管住嘴。"夏娟听到这后接着就说:"是啊,这文章标题应该叫《活该你胖,谁让你吃那么多》!"胖女孩听了,虽然不快,但也没说什么。

为了扭转话题,一个同事说:"女人都有买了衣服不穿搁着或者送人的权利。"夏娟听了,自以为幽默地接过话头说:"傻!今日焦点是胖子都有流哈喇子的权利。"把胖女孩说得无言以对,尴尬无比,只好悻悻离去。

原本喜欢开玩笑没什么错,只是一定要避免人身攻击。玩笑一定要注意内容健康、风趣幽默、情调高雅。因此如何与同事开玩笑和应对玩笑,实在是一门很不简单的生活艺术。

荀子说:"言语之美,穆穆皇皇。"意思是指语言的魅力在于美好而正大。真正的幽默也是如此,美好而正大。但凡让人感觉沮丧与不开心的言语,都不能是幽默。

幽默是一种高级的智慧,能够为人们带来欢乐。中国电影最卖座的就是喜剧片,因为幽默能够使我们乏味的生活变得有趣,也能让正在伤心的我们笑逐颜开,也能为疲惫无力的人生增添一抹色彩。

可见,幽默的初衷是如此美好,我们一定要严加把关、适当运用。用你的幽默来体现你的文化素养和丰富的文化内涵,折射你的美好心灵,这样具有魅力的人谁不喜欢呢?

7. 别说大话，容易让人说闲话

说大话的害处，许多有识之士早已深知。鲁迅先生说道："我想，大话不宜讲得太早，否则，倘有记性，将来想到会脸红。"其是在告诫人们，遇事要采取实事求是的态度，说话要留有余地，千万不要说大话，不要吹牛；不然，说了大话，脸红一下倒也无妨，引出别的事来就得不偿失了。

说大话的人，古往今来，比比皆是。

赵国有一个方士好讲大话，自称见过伏羲、女娲、神农，及尧、舜、禹、汤等，以致"沉醉至今，犹未全醒，不知今日世上是何甲子也"。恰好当时赵王坠马伤肋。医生说："须用千年动物的血敷上才容易痊愈。"于是，艾子跟赵王说，他听说有个方士，至今已有数千岁了，如果杀了他，用他的血为大王疗伤，一定很快就会痊愈。大王听了大喜，派人秘密抓获了那个方士，并打算将其杀死。这才吓得方士拜倒在地，哭诉着请求大王饶命。他说："昨日是父母的五十大寿，请来了父老乡亲同来祝寿，没想到酒喝多了，不知不觉言词过度，说了大话。其实，我哪里活过千岁呀。望赵王赦免。"

人情练达
将心比心的善良，是最高级的修养

尤其是在今天，一般来说，有才干的人是值得钦佩和尊重的，所以人们都努力向此方向靠拢，可有些好高骛远的人便采用了"吹牛"这种手段。无论在哪，他们总是神乎其神地讲述自己如何有能力、有条件、有资本，还有模有样地描述着自己的成功事例。当然，大家早已习惯了这种所谓"演讲"，并不以为然。只是他们这些人的形象，从此被大打折扣。

另外，有些人除了在日常生活中和同事、朋友吹吹牛，为了显示自己的能耐、背景，还要跑到客户那边大吹特吹。这样的人不但得不到客户的信任，而且对方表面上和其打哈哈，实际上，从内心根本就瞧不起他。

曾经有个知名的电台主持人到一家上市公司做销售经理。因为这家公司的老总很爱听他的节目，认为他是一个充满活力的年轻人，而最重要的是，他的口才真是一流，所以就破格录取他了。

老总对他抱有很高的期望，以为他的好口才和曾经的名气必定会给他带来可喜的收益。然而，表面上看来，所有的客户都很喜欢他，因为他会讲段子，给他们枯燥呆板的生活带来了乐趣。但是，五个月过去了，他一张订单都没接到。

老总觉得奇怪，于是打电话问其中一个客户的采购总监。还没等老总说什么，对方就笑着说："听说你们公司招来了个主持人？"老总说："是啊，都五个月了，您为什么不关照关照他呢？"对方公司的采购总监说："咳，人家说你们公司订单都做不完，我就琢磨着你们嫌我这儿订单太小！"这让老总顿觉哭笑不得，心想原来这个主持人是个吹牛皮的人，如果订单做不完，还招他进来做什么啊！

有些人虽然本身没有什么本事，却偏偏喜欢打肿脸充胖子，在众人面前卖弄自己的才华、财富，大肆吹嘘自己的奢华生活，硬是把芝麻说成西瓜。

然而，我们知道，比起那些大摇大摆张扬卖弄的人，比起那些咋咋呼呼的吹牛者，那些处事低调的人才是最值得人们尊敬的人。

第二章

志同道合的人，
才会喜欢同一片风景

人情练达
将心比心的善良，是最高级的修养

1. 让对方畅所欲言

一个人要想在社交方面有所突破，就要学会并且加强与人的相处和沟通。然而，如何才能做到有效沟通呢？其实，平时注意一下谈话的细微小节，和人沟通就不是难题了。

我们要明白一点，与人交谈时，我们要学会以对方感兴趣的话题为话题，让对方成为谈话的主角。我们不仅是谈，还要听。将心比心，如果是你和某人在闲聊，你是不是喜欢围绕自己喜欢的话题来说。是的，别人同样如此。

在每个人的心里，自己是最重要的。如果你们的谈话脱离了这个中心，越走越远，那么你们也就越来越没有共同话题，最后让谈话陷入冷场，或者尴尬境地。相反，如果你能顾全对方，让对方一吐为快，那么，你不但能从谈话中了解到对方的性格、爱好、特长或者家庭等，还能赢得对方的好感，甚至对方还会赞赏你的口才不凡。

艾达是一位保险推销员，而安其拉是一位上市公司的高级主管。艾达一直有意和他合作，可是她知道这个主管向来反对那些各种各样的保险。他常常表示与其上那些保险，还不如把钱存在银行。

有一次，艾达再次去拜访安其拉，当她走进安其拉的办公室，看到他办公室的墙上挂着好几幅非洲景色的照片，她立刻说："这些照片好漂亮啊，都是你去非洲拍的吗？"于是，安其拉开始讲解这些照片的由来，并且还说了一些照片中有趣的特点。

当他们谈论得非常热烈的时候，艾达把话题扯到了保险上。艾达请他谈谈为什么对保险那么排斥，于是安其拉侃侃而谈他对保险的不满之处。在他说这些的时候，艾达能够同意的地方就表示同意他的看法，并且尽可能地提出问题来请教他，并让他尽量发表意见。

在谈话之中，艾达告诉安其拉，她是一个"保守"的人，并且说："我认为，一个人不应该长久地被工作所拖累。当你积累了一定的资本的时候，可以做些自己想做的事，比如环球旅游、发展自己的爱好，等等。这一点如果有保险做后盾，就可免去后顾之忧。"原本安其拉就是个爱好旅行的人，这使得她又有新题目可以发挥了。他们的会面超过了预定时间20分钟，直到安其拉的属下开始按铃催他去开会，他们才意犹未尽地分开。

第二天，安其拉便打电话给艾达，要求购买一份养老保险，并且，他还推荐别的主管也去购买艾达的保险。

其实，在生活中，类似的例子很多，只要你能围绕着别人感兴趣的话题说，那么这样的谈话就能够顺利地进行；并且，也因此让你在社交活动中处于主动，让你更进一步地达成一些你原有的目的。

25

人情练达
将心比心的善良，是最高级的修养

如果我们把视野放宽一些，就更容易明白，礼仪首先就是要尊重他人，包括尊重上级、尊重下级、尊重同事、尊重普通人，尊重自己的朋友、亲人。而在社交场合就更要抓住这一点，让体现一个人的素养的礼仪成为你们相互交流的前提。

交谈是人们交流思想和表达感情最直接、最快捷的途径，是交谈人员的知识、阅历、才智、教养和应变能力的综合体现。因此，当社交体现在人与人相互的交谈上，它不仅需要较强的语言表达能力，而且更需要尊重对方、谦虚礼让、善解人意等。

事实上，即使是我们的朋友，也更愿意对我们谈论他们的成就，比听我们吹嘘我们的成就好得多。

销售经理乔治知道自己有个毛病，那就是如果让他来谈话，常常会把话题扯远了。为了提醒自己不要忘记这项原则，他在公文包的夹层最上方，贴了一张人物漫画。漫画中的人物有着一副非常夸张的大牙齿，还有一张同样夸张的大嘴巴。每当他打开公文包时，首先映入眼帘的便是这张漫画。

他说："有一次，我想得到一家大公司的合同。我们去拜访采购部门的人，我只是提出问题而让人家去说个不停，这样我就知道他要什么。事实上，就是因为我让他谈话，又注意听他谈话，才使他乐意和我签下合约。"

人际关系原则有一条是让别人多谈，卡耐基说："说话时，如果能使对方谈到他感到有兴趣的事情，就表示我们已经很巧妙地吸引了对方。接着，我们再以问答的方式诱导对方谈论有关他个人的生活习惯、经验、愿望、兴趣等问题。"我们都知道，一个人最愿意谈论的而且也是最关心的话题，莫过于他个人的一切事情。只要你肯花一点时间，让对方畅所欲言地叙述他自己的事情，那么，他就有可能成为你的莫逆之交。

2. 时机不对，努力白费

如何说话，是一门艺术，而说话的艺术，大半在于时机。

如果想让对方变得愿意听你的话，或者接受你的观点，就要学会怎样选择适当的时机并且把握这个时机。那么，如何才能判断时机并抓住时机呢？这并没有一定的规则，主要根据谈话时的具体情况而定，比如说对方的心情、谈论的话题以及当时的环境等一系列的因素。

有句古话说，"过犹不及"，对于谈话来说也是如此，我们常常讲究一种恰到好处的交谈，如果只有一方在说，即使讲得眉飞色舞也是枉然。因此，我们首先要选择双方都感兴趣的话题来交流。

另外，由于每个人的阅历不同，对事物的认识当然也不尽一致，观点之间的分歧、碰撞、交锋也在所难免。因此，我们要针对谈话的对象来调整自己的语言。如果对方阅历一般，我们要尽量避免过于深层的话题；如果对方是很有思想甚至有点

人情练达
将心比心的善良，是最高级的修养

固执己见的人，我们要相应地肯定对方，以及恰到好处地表达自己的观点以获得对方的肯定。

最后需要注意的是，每个人都有表现欲，也有被发现、被承认、被赞赏的内在心理需求。因此，在交谈时，一定要满足对方的这种欲望，如果你只热衷于表现自己，而轻视他人的表现，对自己的一切津津乐道，而对他人的谈话内容不加关注，那么势必会造成对方的不愉快。

在现代这个商业社会，更是要懂得说话的时机。以下有一则故事可以作为前车之鉴：

亨利是美国制造业赫赫有名的大咖，他拥有数十亿美元的资产。他曾在股东大会上，跟股东们回忆过这么一件往事：几年前，他和商业伙伴一起来到中国一个二线城市考察，计划投资办厂。经过多方谈判，两天后，亨利与当地一家大型企业的负责人基本达成合作意向。这位负责人业务技能一流，对市场行情了如指掌。他的专业精神令亨利颇为赞赏。这位负责人所构想的企业未来的宏伟蓝图，几乎与乔治不谋而合。就在乔治即将安排签约时，这位负责人似想锦上添花，他十分得意地说道："我们企业拥有近万名职工，去年纯盈利六百多万元，实力雄厚……"

听到这儿，亨利立刻呆了，他暗暗地掐指一算：一个近万人的企业一年盈利不足千万；这个数字离自己预定的利润目标，差距实在太大了。而且，这位负责人仿佛还挺满意？幸好合同还没有签，亨利立刻决定终止合作谈判，带着商业伙伴匆匆返回美国。

这位负责人或许还不知道,唾手可得的成功就毁在了他一句画蛇添足的话上。这则故事告诉我们:在不同的场景下,所谓的"好话"并不是万能的,说话一定要看准时机。时机对了,适当的话语就会化作无形的力量,为成功助力;时机不对,好话变坏话,好事变坏事。

3. 我有一个小秘密,不能告诉你

无论是在社交活动中还是在工作中,我们能够拥有的最完美的形象一定不能忽视这一点,就是不管在上级、下属、朋友之间都要突出自己的亲和力,只有这样才会让人觉得平易近人、受人爱戴。

然而,如何体现你的亲和力呢?一个心思缜密、做事严谨、紧闭心扉的人,总会给人这样一种错觉,让人觉得你是个城府很深、有心机、不可亲近的人,那么这样的人就一定不具有亲和力了。相反,如果你能适度地把那些无关紧要的小秘密拿来和朋友分享,这样,自然就会赢得对方的好感,让人更相信你,也更喜欢接近你。

林倩佳刚毕业的时候,找了好几个工作都因为与同事相处

人情练达
将心比心的善良，是最高级的修养

太过压抑而离职了。于是她找到自己的闺中好友彤彤诉苦。她说她在工作上算是比较顺手，但是，在每一个公司都待不上两个月，就会觉得特别累，与人相处太过生硬，其中缺少了朋友间的亲密。

其实说起来，林倩佳在生活中也基本上没有什么朋友。她自认为说话做事都很守信，但是就是无法与人适当地拉近距离。彤彤问她："你对别人说话也像对我这么说吗？"林倩佳想了想说："没有。与任何人我总是以礼相对，也很少说些自己的事。"

彤彤说："问题就出在这里。一个人总是一板一眼的，谁也不敢太接近你，生怕在你面前说错话惹你生气。如果你能像和我一样和别人说话，别人就会愿意接近你了。"

林倩佳半信半疑，但还是按彤彤说的去试试。在找到下一家公司的时候，她发现办公室有个女孩和自己的爱好很接近，于是她便有意主动去接近她。一段时间后，林倩佳觉得女孩为人比较踏实、善良，于是就像和彤彤相处那样，偶尔会主动把自己的一些小心事、小秘密说给对方听，对方也觉得自己有种被信任感。后来，时间长了，她们不仅是好同事，更是好朋友。在工作中，有这样一个人相伴，她也再不会因为觉得压抑而换工作了。

我们要想拉近与别人的距离，不妨和对方说一些无关紧要的小心事、小秘密。这样，对方会认为他是你最值得信任的朋友，因此在与你相处的时候，就多了一些自然和亲和。

第二章
志同道合的人，才会喜欢同一片风景

另外，除了与朋友分享秘密之外，会做生意的高明人和对方在谈合作的时候，会适当地给合作伙伴透露一点自己的隐私或缺点，因此让对方感到这个人很真诚，对其增加信任感。那么在生活中也一样，适时地透露自己的一点隐私，也可以博得他人的信任。

日本有一个政治家，名叫三木武吉。他在二战后，参与了一次竞选。在某次演讲中，他正在侃侃而谈"如何恢复日本建设"时，突然，听众席有人喊："喂，三木武吉，你不是娶了6个老婆吗？像你这样的人怎么能治理好日本呢？"

三木武吉听后，思考了一下，便镇静自如地回答道："确实如此，我年轻时是个享乐主义者，娶了好几个妻子，这可以说是男人的劣根性，在战争中，我们一起患难与共，我曾带着她们东躲西藏地避难。现在，我们依然生活在一起，她们都与我年纪相当，我会一直养活她们。另外，还有一点你说得不正确，是7个，不是6个。"听了他的回答，全场响起了掌声和议论声。选举的结果不言而喻。

三木武吉适时透露了自己的隐私，使选民们的反感情绪变成了对他的亲切感和好感，从而获得选民的支持。心理学家告诉人们，当人们发现著名的人物也有许多隐私时，不知不觉中，原来的那种挑战或者敬畏情绪都会得到缓解甚至消失，以致产生对方非常容易亲近的感觉。

然而，你一定要注意一点，小秘密一定是"无关紧要"

的，秘密不等于隐私，尤其是自己的情感隐私。这不是说让你不去信任人，只是人际关系本来就有些复杂，你要想确保"以防万一"，就要多留个心眼，凡事做到适度。

关欣和李苗苗在同一家分公司工作，是工作上的搭档，两人关系很好，关欣确认自己怀孕时，悄悄与李苗苗分享了这个喜讯。可没想到，一个月之后，总公司裁撤了在这个城市的办事处，拿了一笔遣散费之后，她们要重新找工作了。

关欣在网上搜适合她们的职位，找到一家不错的公司，就与李苗苗一起去面试，当时负责招聘的部门主管听说她们是旧同事时，还用奇怪的眼光看了她们一眼。第二天，关欣就接到了那个主管的电话，要她周一去上班，她高兴地打电话告诉了李苗苗。

可是，到了周一，主管却问她："你是不是已经怀孕了？"关欣一愣，心想：主管是怎么知道的？主管接着说："我们只需要一个人，本来决定让你来的，可是昨天你那个同事打电话告诉我你怀孕的事情。现在，我只能向你说声抱歉，你看，半年之后你就要休产假，这对于公司来说，比较难办。"关欣心里涌起一股情绪，说不清是愤怒还是悲哀。

俗话说："逢人只说三分话，未必全抛一片心。"其就是提醒你，在为人处世中，千万不要动不动就把自己的老底交给对方。不论在任何情况下，都要留下七分话不必对人说出。你也许以为大丈夫光明磊落，事无不可对人言，何必只说三分话呢？但竞争是残酷的，与人分享自己的"隐私"就相当于授人以柄，说不定在某个时候，你的"隐私"就会变成别人攻击你的武器。

4. 有一种修养叫"看透不说透"

在我们的日常生活中，每个人都是爱面子的。所以，我们要想在这样的人性丛林里求生存，必须了解到这一点。

即使你口才如何了得，观点如何独到，知识如何渊博，当你在某些场合看穿了别人的劣势，看到了别人的不足，也只能点到为止，尽量把台阶留给别人；切不可为了展现你的才华，逮到机会就大发宏论，咄咄逼人，把别人批评得脸一阵红一阵白。这种举动正是在为祸端铺路，总有一天会吃到苦头。

事实上，面子问题基本上就是一种互助，给人面子也是给自己面子。如果你有意保住别人的面子，别人也会如法炮制，给你面子，彼此心照不宣，相互搭台。

某个城市的作文大赛每年都会邀请许多专家作为评委，这份评委的工作虽然没多少报酬，但是是一项荣誉，很多人都很愿意参加。李老师每年都是首席评委，其他评委却鲜有固定受邀的。大家问他秘诀，他却笑而不答。

人情练达
将心比心的善良，是最高级的修养

后来，他才告诉自己的学生，他的专业眼光并不是关键，他的职位也不是重点，之所以每年受邀，是因为他很会给人面子。

他说，他在公开的评审会议上一定把握一个原则：多称赞、鼓励而少批评；但会议结束之后，他会找来各个学校的负责老师，私下告诉他们每个学校参赛作品的问题。

因此，虽然比赛有先后名次，但每个人都保住了面子。也正是因为他顾虑到别人的面子，无论是承办该项业务的人员，还是各参赛学校的负责老师，大家都很尊敬他、喜欢他，当然也就每年找他当评审了！

聪明的人知道什么时候该静静地面带微笑地听别人说，知道什么时候该给别人打圆场，知道什么时候该见好就收，没有哪个人是不爱面子的，所以在一些无关紧要的事情面前，尽量不要轻易伤及别人的面子。你维护了别人的面子，也就是维护了别人的尊严。这不仅会让对方因你的大度而感激你，也充分表现了你的宽容和自信。

有一个故事，算是一个过来人的经验之谈。

徐少佳去参加一个男同事的婚礼，席间有一位年轻人在说明新郎与新娘的关系时，用了"郎骑竹马来，绕床弄青梅"来形容，到此为止，席间还是一团祥和喜悦，那个年轻人接着说："李贺这首诗形容这对穿开裆裤就认识的情人再恰当不过了。"

第二章
志同道合的人，才会喜欢同一片风景

徐少佳是中文系毕业，立刻站起来说："这首诗是李白的《长干行》，不是李贺。"席间有短暂的沉默，那位年轻人有点尴尬，这时候，一位老人站起来说："李贺也曾经引用过这两句，只是比较偏门，不为人知，很多诗句都是互相引用的，重要的是这两句用得好，用得妙！"

这么一说，大家一笑也就过去了，徐少佳感到非常没面子，她觉得这个老人简直是强词夺理，存心和她过不去。她嘀咕着说："一点文化修养都没有。"就走出大厅去透气。在她站在大厅里玩手机的时候，忽然有人拍了一下她的肩膀。

"刚才你说对了，那首诗是李白写的，李贺是不可能引李白的诗句的。"说话的正是那位老人。

年轻人一听有点糊涂了，纳闷地问："那刚才你……"

老人看了看她温和地说："今天的主题是婚礼，不是诗词大赛，何必在那种场合让别人下不了台？"

徐少佳还想说什么，新郎也就是她的男同事，叫着"李教授"过来了，老人立刻上前去寒暄。徐少佳忍不住，等老人进了大厅后，问男同事："这位老人是你的老师吗？"男同事说："是我妻子的导师，××大学中文系有名的讲师！"

徐少佳觉得她学到了重要的一课，叫"得饶人处且饶人，退一步海阔天空"。

人无完人，金无足赤，凡夫俗子，谁能无过？倘若错误不明显，无关大局，其他人也没发现，你也不妨装聋作哑。如果对方的错误明显，确有纠正的必要，最好寻找一种能使当事人

意识到而不让其他人发现的方式纠正，让人感觉当事人自己发现了错误而不是别人指出的，如一个眼神、一个手势甚至一声咳嗽都可能解决问题。

总之，无论如何，要诀就是"看透不说透"，给别人一个台阶下。

5. "场面话"不可不说，但不可全信

"场面话"是人们在应对各种关系时必须说的话。在交际场合中，会说"场面话"的人，不但能赢得别人的友谊，还有助于自己更顺利地办事情。可见，说场面话也是一种生存智慧，其是非常必要的。

"场面话"一般也分为多种。

例如，称赞人们年轻有为，事业有成；称赞在场女士大方、漂亮、知书达礼；称赞孩子机智聪明、活泼可爱，等等。这种场面话，有时候说的也是实情，但有时为了让你高兴，故意夸大事实。虽然有时候让说的人也觉得不自然，但只要不太离谱，听的人十之八九都感到高兴。

还有一种是当面答应人的话，诸如"你放心，我会尽全力帮忙"，"你看你说的不是见外了，有什么问题尽管来找我"等。这种话有时是不说不行，因为求人办事的人，往往运用了人情压力，若你当面拒绝，场面会很难堪，而且会马上得罪

人。不过，场面话该说的时候要说，但千万别老实巴交地把别人说的场面话都信以为真，这样只会错过其他的机会，为自己带来麻烦。

因此，很多时候"场面话"想不说都不行，因为不说，会影响你的人际关系。但是，我们要将心比心，对于别人敷衍你的"场面话"，那就只能用冷静和客观的态度对待，千万别为两句好话就乐昏了头，轻则，为此影响你的自我评价，重则，上当受骗也未可知。

大三的暑假，小刘在当地的一家报社当实习记者。一次，在一个商家的产品发布会上，小刘写的软文很出色，对方的老总看到了很喜欢。在晚上的饭局上，老总当众表扬她，说："我记住你了，小姑娘！我们这里就缺少你这样的人才，你将来肯跟我干，我保证你可以更好地成长！"一番话说得小刘心里暖乎乎的。

转眼暑假结束了，小刘面临着毕业和找工作，她想起那位老总的话，便按名片上的电话打了过去，谁知道对方惊讶地问："你是谁？"小刘觉得被泼了一瓢冷水，但还是硬着头皮说了自己的来意，对方不等她说完，客气而疏远地说："我知道了，有意向我会第一时间告诉你，我现在要开会去了。"就挂了电话。

小刘回到学校郁闷地和同学说起这事情，一个学姐说："小刘，你怎么那么天真呢？这不过是人家一句场面话。"

因此，对于别人的"场面话"，你只能做最坏的打算，抱最小的希望，以免希望越大，失望也越大。

6. 关于那些你不知道的内幕

在和别人交谈时，听别人说了一半的话，便开始发表自己的见解，殊不知，你听到的只是上文，下文才是对方真正要表达的意思。

有些人，会口无遮拦地说一大堆别人的不是，却没想在场的人中，正好也有相似的缺点，在他们滔滔不绝地对此大加抨击的时候，别人其实早已对他们暗暗不满。

还有些人，喜欢把听来的小道消息添油加醋地到处宣扬，虽然他们也许并没有恶意，只是做个谈资，但是，在不经意中却给别人造成了极大的伤害。这个时候，再想挽回，已经为时太晚。

在某一次的大学校友聚会上，大家相谈甚欢，谈起学生时代的往事，也都特别感慨，女同学们聚在一起闲聊，聊着聊着就说到了学校的老师们。小薇就讲起了学校盛传的八卦消息："我们的哲学教授你们还记得吗？我们毕业那年，听说他在闹婚变，打算娶我们学校的一个女老师呢。也不知道现在怎么样了……"

一边的一位校友陈菲问:"你为什么这么清楚?"

小薇说:"大家都知道啊。"

"大家是谁?"

"我们那届的学生们呀。"

陈菲生气地说:"哲学教授是我爸爸!"

小薇窘住了。

在不了解情况的时候,千万不要信口开河、搬弄是非。特别与初次见面或不是十分熟识的朋友接触时,谈话时一定要谨慎,不能口不择言、随便说话,必要时要保持沉默。一旦言者无心得罪了别人,就会造成难以挽回的结果。

某总公司的行政经理到分部指导工作时,大家一起吃饭,聊起一位离职同事,说她脾气不好,很难相处。经理随后问了一句:"为什么难相处啊?"有个90后的小职员随口就说:"三十多岁的女人,连个男朋友都没有,脾气自然就怪得不一般。"

这时候,空气突然安静了,大家迅速转移了话题。后来,有人好心地告诉那个"90后"的小姑娘:"行政经理三十岁了,也还是单身,你这话这让她多尴尬啊!"

语言是人类交往的工具,我们依赖语言这个工具相互沟通,表达我们的情感,但它同时也是误会和争吵的开始。

一天之中,每个人要说很多话,可能不能做到每一句都深思熟虑再说出口，对那些与你关系不大的人，乱开几句玩笑，随便说点笑话，可能不会产生什么严重的"后果"，可假若对方是你的爱人、你的上司、你的客户，一切都不同了。任何不经大脑而"随便说说"的话，都有可能给你的家庭或者事业带来障碍。

道听途说未必可靠，别人告诉你的事情也许只是别人想让你知道的事情，如果你贸然拿你所听到的片面之言宣扬，不论其内容是否颠倒是非，或者混淆黑白，话说出口就收不回来了，一旦事后你彻底地明白了真相，你还能进行更正吗？

事实上，人与人之间的关系大半都是如此复杂。因此，在与人聊天中，你若不知事情所包含的内幕，就不要信口开河。

7. 放下面子，不等于失去尊严

很多人信奉"万事不求人"或"求人不如求己"的原则，认为这是无能的表现。其实，人与人之间的互相帮助是生存与生活的必然现象。

战国时期，一个叫许行的楚国人指责滕国的国君。他认为人不能依赖别人，就算是国君，也要耕种，否则就是不贤。国君派人去请教孟子。

孟子问："许行织布吗？自己做鞋子吗？自己打锅吗？自

己做铁器吗?如果他需要拿自己耕种的粮食去与他们交换,就不必理会他。"

孟子清楚地指出不论衣食住行等等,我们都是有求于人的,即使拥有上亿财产,也不见得买得到你真正想要或需要的东西。

然而,求人时最忌讳的便是为了面子问题而生气。怒火不能解决任何问题,遭遇刁难时,不妨先拿出你的热忱,让别人看见你真正的需要,让他了解你的目的。一个人不行,可以找另外一个人,总会有转机,千万别为了一时的面子,而忘了求人真正的目的是"解决问题"!

当然,我们提倡的放下面子,并不是要卑躬屈膝,只是放下"不必要"的面子,大胆地跨出去。

有一个关于白居易和顾况的千古闻名的故事。

白居易16岁来到长安,去拜见顾况,顾况看到他的名字,嘲笑说:"长安米贵,居大不易。"

白居易没说话,递上自己的诗作,顾况翻到其中一首时,拍案叫绝:

离离原上草,一岁一枯荣。
野火烧不尽,春风吹又生。
远芳侵古道,晴翠接荒城。
又送王孙去,萋萋满别情。

人情练达
将心比心的善良，是最高级的修养

顾况看了白居易一眼，笑着说："有才如此，居亦易矣！"后来，顾况不遗余力地帮助白居易，使之成为长安名士。

白居易的才华和态度，是他赢得机会的关键。对于我们来说，也可以想想你有什么地方值得让人帮助你：借钱时，是不是该让人知道你有多少还钱的实力；求职时，是不是该让人知道你的工作能力能为企业带来多少利润？

不必低声下气，也不用狂妄自大，成功的人都能够把求人变成一个资源置换的方式，不卑不亢地展示自己的才华，获得帮助的同时也获得了成功。

第三章

你的肩头应该
担起草长莺飞和清风明月

> **人情练达**
> 将心比心的善良，是最高级的修养

1. 你要学会做一个最佳配角

一次，我所在的部门为公司争取到了一个大项目。领导十分高兴，在饭店订了个庆功宴，犒劳大家。席间，大家推杯换盏之际，领导开口说话了："小郭，这次能拿到这个项目，主要是你的功劳，你站起来给大家说几句吧！"于是小郭站起来讲话："这个项目我一直都很重视，我一直在努力协调各个方面的关系，加班加点解决竞标过程中遇到的问题，之所以能拿到这个项目，我个人认为……"小郭的话还没说完，老板的脸色就变了。

小郭难道还不知道这是怎么回事吗？那项目真是他一个人拿下来的？没有公司的资金和人力支持，他确定能拿下来？

我很想告诉他，永远不要试图在一个职位比你高的人面前唱主角，他越是对你谦让，你就越是要对他客气。如果现在你还没有办法把他压倒，就必须俯首称臣，老老实实演好自己的配角。

我还想告诉更多的"小郭"式的人物：即便，你心里真的讨厌一个人，如果很不幸，对方却掌握着你的生杀大权，比如这个人是你的上司，或者是你重要的合作伙伴，你更要做好自己的配角工作，时时迁就他，处处讨好他，免得把心中的厌恶变成公开的矛盾。因为，矛盾一旦公开，你会更加危险，这

第三章 你的肩头应该担起草长莺飞和清风明月

个人就可以理直气壮地给你小鞋子穿。你穿，脚会疼；不穿，头会疼。

东汉末期，太尉杨彪之子杨修，自幼天资聪颖，才华过人，曾在曹操手下任职做主簿，他敏捷的思维和卓越文采很是令曹操赏识。他教过的曹植，因"七步成诗"而闻名于世。杨修的学识十分渊博，甚至有人在史书中把杨修称为"三国时期最有才华的人"。曹操事务繁忙，所以把内外都交与杨修打理。也许是恃才傲物，恃宠生骄，杨修忘记了自己只是一个配角，他仗着自己才华出众而不把别的同事放在眼里，闲着没事还会做首歪诗挖苦别人。即使是他的上司曹操，他也不给留一点面子，时不时还取而代之上场唱大戏，自以为是地向别人解释曹操的意图，导致曹操作为一个高级管理人员的尊严荡然无存。最终曹操看他实在不爽，以扰乱军心之罪名将其处以死刑。

"杨修才华过人，死得很可惜，只是并不冤枉"，这是后人对杨修可悲下场的评论。杨修的死使我们深刻明白，为人处世，该低调得低调，该你唱配角的时候，就老老实实在主角后边待着，等着该上场的时候再上场，不要介意俯首称臣。

晶晶最近经过竞聘，进入某大型企业工作。工作上，她的能力也很出色，她卓越的领导才能和灵活的协调组织能力深得女上司的赏识。晶晶从小在光环中长大，她很善于在人群中表

人情练达
将心比心的善良，是最高级的修养

现自己。即使是在平时上班的服装搭配和仪容修饰这些细节上，她都要做到最好，而周围多个男同事的追求，更让她在公司光彩熠熠，有时候，就连女上司在她面前也黯然失色。

在每周一次的例会上，她都很积极地发言，对公司的计划方案常常发表自己独特的观点和建议。每次会议，她都占据了大半的发言时间。别的同事想发表些看法，也总是因为剩下的时间不多，而不能完整表述。有的同事不满意，提醒她注意下，她却对人家爱答不理的。

在就职的两个月之后，她根据近期自己对市场的考察和对公司运营情况的了解，给公司的经理发了一封邮件，在邮件中对公司的管理和经营提出了多个建议。经理看了后觉得很不错，在一次全体会议上点名表扬了她，就连公司的老总也开始注意到她，慢慢地，她成了部门里的主角。

可是慢慢地，她在公司的境遇出现了微妙的变化。她的业务分配明显比以前少了很多，公司的同事看见她，好像也没有以前热情了。什么原因呢？其实晶晶刚进公司的时候，女上司还是很喜欢她的，对她也加以重用。可是晶晶太不懂得收敛自己了，与女上司一起出外谈项目，她总是打扮得花枝招展，有不少次别人以为她是领导。久而久之，女上司也受不了她的风头，心里开始不爽了。再加上同事们也有不少人向上司反应晶晶在工作中过于张扬，不注意团队合作，于是，晶晶的境况开始变得糟糕了，女上司对她采取了冷藏政策，不再分配任务给她，同事们也开始孤立她。在她意识到自己被边缘化以后，也曾经尝试着和同事拉关系，却总是得不到回应。终于，在半年

第三章
你的肩头应该担起草长莺飞和清风明月

之后,曾经集万千宠爱于一身的晶晶无奈辞职了。

无论是在职场还是生活中,与人打交道,可能一些话或者一些举动无意中做得不够恰当,就会给自己带来很大麻烦,轻则吃点小亏,重则遗憾一生。不管你是什么样的角色,不管你在什么样的位置,想要得到很好的发展,首先要做的就是学会隐忍与收敛,在别人不注意的时候发展壮大,终有一天,时机合适,就可以一跃翻身,成为主角。

看马拉松比赛,我们往往会发现,最后取得胜利的极少会是领跑者,大多数的时候都是跟跑者拿到第一名。这个结果让人感到费解,但细细研究起来,其实也并不意外。马拉松比赛赛程长,持续时间久,这就需要运动员除了有很好的速度与爆发力,还要有持久的耐力和体力。领跑者在比赛过程中,往往要比其他队员承受更大的压力,消耗更多的体力,而且前方的视野狭窄,他无法全面关注赛场情况,他的比赛战略却很容易被他人识破;而跟跑者视野开阔,在人群中毫不起眼,不易被发觉,常常纵观全局,以逸待劳,时机一到一发冲天,一举超越领跑者。

如果,你够聪明,你就一定懂得做一个配角的妙处。

人情练达
将心比心的善良，是最高级的修养

2. 有人的地方就有江湖

长大以后，我们渐渐明白，很多时候很多事情，都处于是非并不分明的灰色地带。好恶需要时间的验证，多数事情非此亦非彼，选择走中间路线，在不违背自己做人的原则下，做到维护大体上的平衡关系就行。如果因为坚持自己所谓正确的立场，而在无意中得罪了别人，给我们的人际交往带来负面的影响，实在是得不偿失。

有人的地方总会有事情发生，人多的地方是非也多，不管在哪里，我们总会有意无意地发现别人一些不可告人的隐私，可能是同事之间的暧昧关系，当然也有可能是一些不能让人知道的行业秘密，或者是公司里的潜规则。这个时候，也许就需要你装傻充愣了，有些话不能随便讲出来，因为一旦我们把话说出口，可能就会在有意无意之中开罪别人。管好自己的嘴巴，否则后果不堪设想，甚至招来祸患。可惜，有的人活了一辈子，也不明白这个道理。

话说某一日，楚王心情大好请客吃饭，犒劳一下手下的一帮兄弟。于是文武大小官员，还有后宫佳丽悉数出席。

席间，既有大牌明星载歌载舞，又有美酒佳肴饕餮大餐。推杯换盏之间，就到了黄昏。大家意犹未尽，楚王派人点上烛

第三章 你的肩头应该担起草长莺飞和清风明月

火继续载歌载舞,在场的还有许姬和麦姬这两位他最宠爱的妃子,轮流向各位骁将敬酒。忽然间,狂风大作,所有的烛火都被吹灭了,伸手不见五指。这时,席上一位官员酒壮色胆,乘机揩油,拉了下许姬的裙角。许姬恼怒之下甩手走人,并顺手扯断了他的帽带。回到座位的许姬对楚王耳语道:"刚才有人色胆包天,竟然调戏于我,我扯断了他的帽带,赶快点上烛火,来看看谁的帽子没有帽带,就知道谁是咸猪手了。"楚王听了,没有下令令人点烛火,却大声招呼众人:"寡人今晚心情甚是愉快,来,大家都把帽子除下来痛饮,不醉不归。"于是各官摘下帽子后,楚王才命人点上烛火。

席散回宫,许姬生气地问楚王为什么这样做:"你怎么这样糊涂?要大家把帽子都摘下,还如何查得出是谁?"楚王笑道:"我这次请客吃饭啊,就是为了寻点乐子,男人嘛,酒后狂态,也很正常。如果认真追究起来,就大煞风景了,岂不是违背了我宴请的本意?"许姬听后,方才明白楚王装傻之意。这就是有名的"绝缨会"。

随后楚王进攻郑国,有一猛将,率领数百人,为三军杀开血路,斩将过关,直捣郑国的首都,一时间,楚国名声大震。原来,这位将军就是当年被许姬扯断帽带的那个人。

你说,这楚王多聪明啊,偷偷装糊涂卖了个人情,却让这位臣子在日后为其卖命打仗,这事儿多划算。有时候偶尔装傻卖个人情,挺好。

有一句话这样说:只可意会不可言传。有些事情大家心里

49

都明白，但谁都不去捅破这层窗户纸，凡事留有余地，以后好相见，说的也是这个意思。你心里明白但是做事"糊涂"，恰当的时候送个人情给对方，他自然能领会而心存感念，来日自当报答。

你今天咄咄逼人，不留余地，说不定将来哪一天冤家路窄，你反而处于劣势，别人可能会十倍奉还。这不是教我们不讲原则，随波逐流，而是说对于一些无关紧要的小事，不要过于计较。当然，要做到"明知故昧"，也并不是一件简单的事情，如果没有高度的涵养，对人对事锱铢必较，是万万行不通的。

3. 和不完美的自己握手言和

世界上有千千万万的人，而每一个自己都是与众不同的，我们从来没有遇见过第二个自己，即便是双胞胎，性格也各不相同。我们有着各种各样的缺点，总要忍不住与别人比较，会有"走在大街上，觉得每个人都比自己强"的感觉。可是，我们要知道，生命的意义并不是要参照别人的人生，不应该去复制别人的梦想。你是与众不同的你，你的人生也应该独一无二。

姐姐有一段时间特别焦虑，因为孩子的同学们都有着各种

第三章
你的肩头应该担起草长莺飞和清风明月

各样的特长,唯独自己孩子没有任何特长。其实,她也带着孩子报过各种的兴趣班,可是孩子都没有兴趣,当然也没有能够让人惊叹的特长。

孩子也跟着闷闷不乐,更加抵触去兴趣班,连平时上课都不愿意去。

于是,姐夫带着姐姐去菜市场买水果,姐夫选了一个苹果,苹果又大又圆,没有任何疵点,他再让姐姐挑几个一模一样的苹果,姐姐懊恼地说:"哪里可能有一模一样的苹果。"姐夫点点头,说那就随便挑几个吧。

回家以后,姐夫把几个苹果洗好摆到姐姐面前,让姐姐吃那个又大又圆的漂亮苹果,问姐姐甜不甜。姐姐点头,姐夫又让姐姐拿起其他苹果各咬一口,问哪个甜。姐姐一一尝完以后说,一样甜啊。姐夫就说:"你看,就连水果都没有一模一样的,但是每个苹果都是甜的,那么为什么要去苛求一模一样呢。孩子虽然没有同学们的特长,可是我们家孩子懂事听话,只是没有遇到喜欢的爱好而已。"

姐姐听完才想明白,去给孩子道歉,说以后再也不逼着孩子去上什么特长班。

反而,孩子后来看电视迷恋上别人演讲,觉得好酷,主动要求学习少儿口才,如今俨然一副小主持人的模样。

虽然我们身上会有各种的缺点,但我们也有自己的优点,这些优缺点造成了我们不同的个性,才成为独一无二的我们。作为父母,我们要懂得肯定自己的孩子,而对于自己,更是要

人情练达
将心比心的善良，是最高级的修养

有准确的定位，只有这样，才能够使自己越来越有魅力。

在我们成长的过程中，会遇到各种各样的挫折，会不断地怀疑自己，我们要学会接纳不那么完美的自己。但是接纳不完美的自己，并不是要放纵自己的缺点，盲目自信。我有个朋友，就是过于自信，无论别人怎么说，他都坚持"我就是我，是颜色不一样的烟火"。时间长了，随着周围的朋友不断地疏远他，他才认识到，虽然要保持独特的个性，但是如果让大家都厌恶的"个性"，还是没必要坚持自我的。毕竟我们的目的，是展现自己的人格魅力，让更多的人喜欢我们。

首先，接受自己的不完美。

没有十全十美的人，面对自己的问题和缺点应该要坦然接纳。那是真实的自己，如果自己都无法面对自己，又怎样去让别人接纳自己。只是，我们要知道，正确地认识自己，接受自己的不完美，并不是要坚持自己的不完美，是为了更准确地意识自己的问题，使我们逐渐完美。

其次，完善自己的不完美。

世界万物，唯有人类不同，是因为作为人类，我们的命运掌握在自己手中。大部分情况下，如果我们愿意，我们是能够不断修正我们的性格缺陷的，而事实上，从我们出生那天开始，就在不断地塑造自己独一无二的个性，也在不断学习中提升自己、完善自己，让自己变得更加完美。

最后，肯定自己的不完美。

由于各种各样的原因，我们隐藏了我们真实的个性、真实的想法，变得越来越虚假，我们安慰自己是在保护自己，但其

第三章
你的肩头应该担起草长莺飞和清风明月

实,我们内心深处是十分渴望别人看到我们真实的一面,欣赏真实的我们,我们觉得那才是真正的肯定。如何让别人肯定我们,就要证明自己,即便是不完美,也是有价值的不完美,是无可替代的。

那部风靡全球的《摔跤吧!爸爸》,电影中,爸爸坚信自己的女儿有摔跤天分,不顾别人的眼光与议论,锻炼自己的女儿练习摔跤,后来女儿如愿拿到全国金牌,但他的愿望一直都是让女儿拿到世界级的金牌,为国争光。

为了参加世界级比赛,女儿到体育学院进行集训,在那里,女儿先前的训练被全部推翻,教练并不足够了解女儿,导致了女儿参加各种比赛都以失败告终。于是,爸爸又扛着行李跑到女儿学校附近开始用自己的办法训练女儿,而正是因为有了爸爸的支持与适合自己的格斗技巧,女主最终获得冠军。

这里并不是要吐槽体育学院的教练不够专业,只是想要说明,每个人情况不同,不能一概而论。也是因为爸爸了解自己的女儿,知道什么更适合她,而她,也正是因为坚持做自己,才终于拿到冠军,被所有人记住。

诚然,即便是在相同的竞技赛场,因为人与人的习惯不同,同样的训练下,也会不同。我们的出生本来就是一件极其幸运的事情,因为,从那一刻,你就是唯一,与众不同的唯一。

4. 你的不自律，正在慢慢毁灭你

　　床头的闹钟锲而不舍地响了一次又一次，你按下一次再按下一次，就是不能说服自己从温暖的被窝里爬起来；早早两个月前你就制订了瘦身计划，可这对你毫无约束，你总控制不了自己的嘴巴，现在的你不但没瘦，反而又胖了两斤；你很重视锻炼身体，为此去健身房花 5000 块办了一张 VIP 健身卡，还买了两套价格不菲的运动衣，可是才来不到两周，健身房就再也没见过你的影子……

　　好像我们在日常生活中，总是处在两条路的岔口上，一条路宽阔、平坦，甚至还可以免费打到车，它诱惑我们只用自己的直觉和冲动来度过人生。在这条路走的人很多，你只能随波逐流，听天由命，你对自己的命运毫无掌控之权，这条路的名字叫"自我放弃"。而另一条路布满了荆棘，也没有什么明显的标志，你只能用自己的意志和努力去奋力抗争，才能走过去。这条路上鲜有人烟，可是在这里，命运由你自己做主，一切都是你自己说了算。这条路的名字叫"战胜自我"。

　　1824 年 5 月的一天，在维也纳的晚会会场，贝多芬和他的乐队成员为人们演奏了由他自己创作的《第九交响曲》。节

第三章
你的肩头应该担起草长莺飞和清风明月

目结束,精彩的演出让会场响起了经久不息的掌声。可是此时的贝多芬,却丝毫感觉不到会场的热烈气氛,因为此时的他,已经完全失聪。

原来早在1796年,贝多芬的耳朵就已经出现了问题,可是由于他没有太过在意而延误了最佳的治疗时机,他的听力越来越差,到了1819年,贝多芬已经彻底丧失了听觉。对于一个以音乐为生命的人来说,这简直就是毁灭性的打击。可是,贝多芬并没有就此屈服,他发誓说:"我要向命运发出挑战!我要扼住命运的喉咙,不让它毁灭!"他重整旗鼓,在痛苦中,他战胜了自己,再一次从病痛的折磨中勇敢地站了起来。此后,他更加勤奋地编写乐曲,誓死不休。贝多芬就是这样,在严重耳疾的折磨和煎熬下战胜了病魔,为世人创作了大量震撼人心的音乐作品,成了举世闻名的作曲家和音乐家。他的故事流传于世,鼓舞着无数的人们战胜自我,勇敢前进。

我们的成长过程,其实就是在挑战与修正自己的过程。每时每刻,我们都在挑战自己,从幼时的学习到走向社会的工作,我们接受了无数风雨的洗礼。纵观芸芸众生,有的人一生波澜不惊,有的却一步步逼近成功。为何有人与自己的目标渐行渐远,有人却在一步步实现呢?纵然,这之间有众多的原因,但归根结底,关键之处就在于面对困难和挫折的时候,是否拥有决心和毅力以及战胜自我的无敌意志和坚强耐力。

人情练达
将心比心的善良，是最高级的修养

战胜自己，说易行难。为什么痴迷网络游戏，明知有害身心却深陷泥潭而无法自拔？为什么有人知道抽烟有害健康，三番五次地想戒烟，却始终戒不了？为什么一个健身中心会员常常多达2000至5000人，但风雨无阻坚持锻炼的总是不足百名？为什么有的人知道上班迟到不好，一直想改正，却一而再再而三地迟到？原因很简单，就是因为输给了自己，输给了怨天尤人、漫不经心和随心所欲！曾有科学小组做过一个实验：

在实验室里，死囚的眼睛被蒙上了黑布，并被牢牢绑在了椅子上。他的旁边放了一个塑料桶，里面盛满了水。实验人员用刀背在他的手腕上划了一下，然后把旁边的塑料桶上也划开了一个小洞，水流出来，发出滴答滴答的声音。实验人员对他说："你的手腕已经给割开，你全身的血液都将一滴一滴地流失，一个小时后，你会因为血液枯竭而死亡。"在这样的状况之下，死囚真的认为血在顺着自己的手腕一滴一滴流着，半小时后，他竟然在极度的恐惧中昏厥死亡。

死囚是死于失血过多吗？不，他是死于自我暗示，自己把自己吓死了。

实际上，我们每个人的身体内部，都住着两个"自我"：一个是消极的自我，一个是积极的自我；一个是懒惰的自我，一个是勤奋的自我；一个是卑微的自我，一个是强大的自我；一个是阴暗的自我，一个是阳光的自我。这两个"自

第三章
你的肩头应该担起草长莺飞和清风明月

我"为了达到独霸我们身心的目的，无时无刻不进行着殊死较量。假如消极的、懒惰的、卑微的、阴暗的"自我"占了上风，那么我们就会变得被动、自私与无奈；反之，如果积极、勤奋、强大、阳光的自我取得了胜利，那么我们就会表现得坚强而伟大。放纵自己听天由命，从来都是很简单的事情，愿赌服输，随便找个借口就能原谅自己。而要战胜自我，从来都不是简单的事情，我们需要超越自己与生俱来的本能，努力克服自身与生俱来的软弱自私、贪图安逸等种种弱点，这是个痛苦的过程，但我们别无选择。因为这两个"自我"的存在，我们控制自己的行为总是需要一番痛苦的挣扎。有时候，这两个自我势均力敌，处于均衡状态。比如，你正减肥，看见满桌子的大鱼大肉，你垂涎三尺，肚子也开始咕咕作响。可是你又看看自己横向发展的身躯和日益丰满的脂肪，觉得十分为难，在美食的诱惑与瘦身的决心之间，你的两个"自我"又开始打仗了。到底是大快朵颐不亦快哉，还是转身离开去苦练健身呢？两个"自我"互不相让，战争依然处于胶着状态。最后，理智终于占了上风，你不情不愿一步三回头地离开了美食……

几乎每个人都会有这样的经历，内心的矛盾与冲突险些让我们迷失了自己。每到这个时候，恰恰也到了考验你能否战胜自我的重要时刻。

诺贝尔生理学或医学奖的获得者巴雷尼，在小时候因为一场大病而落下了伤残。从那以后他自暴自弃，不断对自己和家

人情练达
将心比心的善良，是最高级的修养

人发脾气、摔东西。他的母亲心痛无比，但是她明白孩子现在最需要的是面对挫折的勇气和决心。她来到巴雷尼的病床前，看着他的眼睛，语重心长地说："孩子，妈妈一直都认为你是一个勇敢的人。以前是，现在是，以后也是。虽然你现在身患残疾，可是你的精神和生命都还完整无缺，相信你一定能战胜自己，勇敢地走下去！"妈妈的话深深地震撼了巴雷尼的心，他在母亲的怀里大哭了一场，所有的委屈和痛苦都在那一刻得到了释放。从那以后，他开始积极主动地在精神上和生理上适应残疾以后的生活。在妈妈的不断鼓舞和帮助下，他每天都雷打不动地完成当天锻炼计划。终于，他经受住了命运给他的痛苦打击，在经历了一段艰苦的体育锻炼后，巴雷尼完成了对自己的救赎，他克服了诸多不便，刻苦学习，奋发努力，以优异的成绩被维也纳大学医学院录取。参加工作后，巴雷尼以毕生的精力致力于耳科神经学的研究，取得重大的科研成果，最终完成了超越自我、战胜自我的过程。

强者从来都不是与生俱来的，也并非不存在软弱的那一刻，强者之所以成为强者，是因为他们善于战胜自我。古代希腊哲学家曾强调应该"认识你自己"，因为人一生要战胜的敌人，始终是你自己！

5. 这个时代不存在怀才不遇

你说你大学毕业到处求职,却屡屡碰壁。不是用人单位嫌你没经验,就是你觉得人家薪水低待遇差。好不容易找到合适的工作,你想要为企业创造奇迹,做些惊天动地的大事,却一不小心被安排到了最基层做最苦最累的活儿。好吧,你决定暂时屈就一下先干着,千辛万苦在公司做了两年,你又开始郁闷了,怎么就没个伯乐出来发现你这匹千里马,给涨点薪水升个职位?古人常说"伯乐常有,千里马难求",而现在,你却感觉千里马在到处溜达,伯乐却不知道在哪里"宅"着。

你想听听"伯乐"们每天都八卦些什么内容吗?和你一样,"伯乐"们也有太多的话要说。他们抱怨现在的马儿们存在的问题很多,他们狂妄自大,都想找好工作拿高薪水,却很少看到自己的不足。下面,听听"伯乐"们的交流吧!相信你会收获颇多。

伯乐 A:"我最不喜欢的就是一上来就问工资报酬是多少的,这实在让人不待见。求职者在就业过程中,关心自己工作的薪金待遇,这种心情我能理解。可是八字还没一撇,一开口就先讨价还价,怎么跟做生意似的。现在有很多独生子女,自主能力很差,也没有工作经验,又不愿意接受基层锻炼,但薪金期望值却高得离谱,这样的'千里马'我们不喜欢。"

伯乐 B:"我最讨厌的就是光说不练的人。个人简历上写得无所不能,可真要他去做了,他又一肚子牢骚,推三阻四的。我们需要的是踏踏实实有实际操作能力的人才。刚参加工作的大学生来到我们商场首先要从站柜台做起,这是我们公司不成文的规定。但有不少新人,忙了一天,最后卖了多少钱都算不清楚,你说要是把上千万的货物和几百号人员交给他管理,能让人放心吗?只会说不会做的千里马,我们可养不起。"

伯乐 C:"也不知道这些人都哪里来的优越感,仗着学历略高就恃才傲物。自我介绍中为了抬高自己就肆意贬低别人,好像就他能为企业创造奇迹一样。可是,现在市场竞争激烈,企业需要的是群体合作的团队精神,光靠一个人的力量怎么能成大事?员工之间密切友好的合作关系是企业良好的凝聚力的保证。孤傲脱群、肚量狭小,时刻以自我为中心的人,我觉得这样的千里马不足取。"

伯乐 D:"总有些人,大学一毕业,拿到了毕业证就以为万事大吉了,每天吃喝玩乐,就是从来不想自我提高和充电的事情。我们看重的不是他们在学校的成绩,而是勤奋好学和锐意进取的精神。光靠在学校学的那点理论知识是肯定不够的,不思进取的'千里马'我们看不上。"

从这些"伯乐"的口中,你是否会发现自己的一些问

第三章
你的肩头应该担起草长莺飞和清风明月

题？中国有一个词叫"怀才不遇",这也许是人们送给这类人的最大慰藉,其实也是最大的欺骗,这是我们在成长和发展过程中,最应该避免的陷阱之一。实际上,除了一些极个别的专业人才找不到发挥自我才能的地方之外,真正意义上的怀才不遇少之又少。大多数时候,是我们看不清自己,自以为千里马,自我陶醉而已。我们的身边总是有些人不停地抱怨、发牢骚,整天喊着怀才不遇,整天盼望着有一天,能有个伯乐慧眼识马,发掘他们。他们觉得这个社会就应该为他提供一个可以尽情施展自己才华的舞台,就应该有人给他们一个展现自我的机会。其实他们不明白,在这个现实的世界里,没有那些所谓的理所当然,有的只是自我创造机会,自我把握机会。而机遇,也从来都是喜欢与有准备、有实力的人并肩而行。

我们公司有一个同事,他总觉得自己相貌堂堂,能力出众,是个不可多得的人才。可是他的生活却很不如意:毕业四年了,工作上不理想;感情上也是不如意,谈一个女朋友,没多久就不欢而散。他觉得生活没有一点希望。而身边的人,普普通通一无所长的,却发展得很好,职位晋升,买房买车,婚姻美满。他想不明白,凭着自己的能力,应该过得不比任何人差的,为什么就沦落到这种地步了呢?他天天都在叹息现在的伯乐越来越少了,能够慧眼识珠看到他"这匹千里马"的人可能永远都不会出现了。就在此时,公司经理找他谈话,直言以他现在的状态,合同到期,公司是不会予以续签合同。他满腹委屈，开始抱怨没有人识得自己真正的才华。经理等他发完牢骚，给他讲了一个沙子与珍珠的故事，如果将一粒沙子扔进沙滩，那就无法分辨出来，可是将一粒珍珠扔进沙滩，便能一眼看见。别人无法注意到你，只是因为你太微不足道，想要被人注意到，那就要让自己变成一颗珍珠。

同事听完以后，反思很久，开始改变自己，在工作中，不再抱怨，而是不断地学习与提升自己，如今，他已经变成我的经理了。

其实，我们大多数人都是一样的，在经历了一次次的失败和打击之后，就失去了激情和战斗力，无助、无奈、无力成了生活的主题，慢慢地开始习惯在一个暗淡的角落里叹息，并为自己寻找各种各样的借口：老板根本不懂欣赏员工，只会在公司里飞扬跋扈，对员工呼来唤去；这个社会太现实，我没有关系也没有背景；我学历低相貌也拿不出手；这是有钱和有权人的世界，如果我有关系、有背景、有门路，必定会有人赏识我、提拔我，那么我也会一发冲天，扬眉吐气。其实，这样的人，就算是给他一万个机会，他们依然一事无成，依然怀才不遇。不可否认，这个社会上有许多不公平的地方，可是想要在这里生存，就必须适应这样那样的潜规则，让自己的心慢慢地沉淀下来，用刻苦勤奋的学习和工作代替抱怨和不满，让自己这粒细沙慢慢地变成珍珠，然后在茫茫人海中散发自己的光辉。世界上的任何一个人的成功，基本上都是通过努力奋斗得来的。因此，你一定要明白千里马从来都不是看出来的，而是练出来的!

此外,如果你真的是"千里马",还要时不时地出来遛遛。在这个信息社会里,"酒香不怕巷子深"这句话,早已经不适用了。由于环境与背景的不同,很多人能力相差不大,但是在生活中的际遇却大相径庭,可能有的人即使才高八斗,也会遇到英雄无用武之地的尴尬。虽然说,上帝是很公平的,可是他老人家偶尔也会打个盹儿,这也是我们都没有办法的事情。因此,别太好意思在茅庐等人"三顾",也别太不好意思经营、推销自己,善于在人群中突显自己的优势。如果想让伯乐认识你,除了练好基本功,没事的时候你就出来"遛一遛",你不"遛",别人怎么知道呢!

6. 孤独是你最好的增值期

"没有天生的领袖",很多人不懂得这个道理,总觉得自己本应该是领头的人物,自己在目前的位置上很"屈才"。实际上,很多时候,我们并没有自己想象的那么优秀。比如,在工作中,很多人看别人做得简单,轮到自己,往往找不准方向,漏洞百出,这便是"知易行难"的道理。

著名作家刘墉说过:"年轻人要过一段'潜水艇'似的生活,先短暂隐形,找寻目标,耐住寂寞,积蓄能量,日后方能毫无所惧,成功地浮出水面。"利用这些时间和精力去刻苦钻

人情练达
将心比心的善良，是最高级的修养

研，认真陶冶，很多成功者在目标实现前的一个阶段都是一个躲在羊群里的孤独坚持者。

北京大学孟二冬教授研究《唐代省试诗》的时候，翻阅了大量与此有关的书籍。因此，他发现清代学者徐松的《登科记考》缺漏了很多内容，于是，他做了一个决定，重新补正《登科记考》。当时没有网络，孟教授每天泡在图书馆，查找核实，这是一项很漫长的工作，无趣，也无人支持，还要耗费大量的精力，为此他还放弃了当时的课题。但是出于对学术的尊重，孟教授花了七年的时间，完成了《登科记考补正》。

然而，正是因为孟教授的七年潜心研究，此书在文史界留下浓墨重彩的一笔，也在2004年获得哲学社会科学优秀成果一等奖。

躲在羊群里，就是要耐住寂寞，即使自己不被认可，也能刻苦工作。一个人如果想要出人头地，必须先要耐得住寂寞，因为成功的辉煌就隐藏在寂寞的背后。盛大的总裁陈天桥有一句名言："人要耐得住寂寞，也要耐不住寂寞。"他刚毕业时找到的第一份工作是每天给客户播放宣传片，工作极其乏味枯燥，但是他耐住了寂寞，坚持了下来。也正是这一段时光让他沉淀了自己的性格，磨砺了自己的意志，为后来成为领头羊打下了基础。

当然，有些人是真的有才华，只是暂时没有被发现，但是所有走向成功的人士都是从羊群里走出来的，就像冯仑说的：

第三章
你的肩头应该担起草长莺飞和清风明月

"伟大是熬出来的。"当一个人的才华还没有被发现的时候，千万不能总想着炫耀自己，总表现得自己比别人强，而应该虚心学习，躲在羊群里，默默寻找让自己一飞冲天的平台。

青帮大佬杜月笙头脑机灵，做事老练。然而，早期时，他一直没有出人头地的机会，后来在黄金荣手底下做了一名杂役。但他并没有气馁，而是一边把自己手头的事情做好，一边努力寻找升迁的机会。一次偶然的机遇，他成为了黄金荣老婆林桂生的贴身看护。

林桂生是黄金荣非常宠爱的一个老婆。因此，杜月笙觉得机会来了，便好生侍候林桂生，以便换取出头之日。他"衣不解带，食不甘味"，尽力侍奉。别人都是随叫随到，他不止如此，林桂生想到没说的，他也预先想到准备好了；林桂生没想到的，他也想到了，以此来哄得林桂生笑容满面。林桂生逐渐把杜月笙视为知己。最后，林桂生把杜月笙完全当成了自己人，一边把自己私房钱的生意交给杜月笙管理投资，一边还在黄金荣面前大夸杜月笙，希望黄金荣好好提拔他。因此，杜月笙经营了黄金荣手底下的法租界三大赌场之一——公兴俱乐部。

从杂役到头目，杜月笙就这么一步一步爬了上来。

有才华的人因为不能施展才华而躲在羊群里是很痛苦的一件事情，但只有"吃得苦中苦，方为人上人"。而有些人躲在羊群里，久而久之，就果然成了绵羊。唯有耐得住寂寞，正视

65

人情练达
将心比心的善良，是最高级的修养

自己，不断丰富自己，才有可能"咸鱼翻身"。

没有人的事业是一步登天取得的，任何人的成功都是一点一滴通过自己的努力获得的，都会经过痛苦和"羊群"的历练。"当你当不了领头羊时，那就先躲在羊群里"，含着金钥匙出生，也不一定有开得金锁的能力，只有在羊群中经过自我沉淀和认识，方能逐渐丰满羽翼，振翅高飞。

第四章

即便身陷泥沼，依然有仰望星空的权利

1. 求真学问，练真本领

俗话说，天下没有免费的午餐。然而，在我们的生活周围还的确有些人就是喜欢吃免费的午餐。比如，那些没有专业能力、实际本领的人，常常"以混为生"，在职场上滥竽充数。然而，那些没有真本事，或者无视公司规定弄虚作假的人，总有一天会露馅。

齐宣王喜欢听众人一起吹竽。根本不会吹竽的南郭先生便钻了这个空子，混在乐队里，安心地拿着优厚的薪水和丰厚的赏赐。然而，好景不长，齐宣王死了以后，他的儿子齐湣王继承了王位。虽然齐湣王也爱听吹竽，但他喜欢听乐师单独奏乐，这时的南郭先生知道混不过去，只好逃走。

诚然，欺骗行为终究是要失败的。就算能够欺骗一时，也注定不能长久。然而，偏偏有些人，自知无能，便万分警惕周围任何威胁自己利益和位置的事或者人，往往为了保住自己的利益而欺上瞒下，两面三刀，最后把自己的人际关系也搞得乌七八糟。

第四章
即便身陷泥沼，依然有仰望星空的权利

我有一个朋友是做人力资源的，他说，最怕的不是虚假的简历，而是简历明明是真实的，人却不具备简历描述的能力。

他曾经招聘了一个就职于某大型企业的资深设计师，背景调查都是真实存在的，面试也都通过了，但是到了岗位上的时候，却发生了很多让人哭笑不得的事情。

最基础的工作，他却推三阻四不能胜任，不是指责客户要求奇葩，就是推说"没有想法"……最终，公司只得在试用期结束前提前结束了合同。后来才得知，他在该大型企业的工作一直是在给设计师打下手，一年一年过去，资历是"资深"了，自身的水平还是没有提高。

快速扩大的市场和相对好的经济环境，为"混"的人提供了肥沃的土壤。然而，现实社会又是讲究效益最大化的。如果你做不出成绩，就算是混进了好公司，但也只能混得了一时，却混不了一世。

另外，个别人为了及时地获得自己所需的资金，往往不择手段。弄虚作假是他们常用的手段之一。其实，弄虚作假的人只是在耍小聪明，很容易被别人识破。而一旦识破之后，他们不仅得不到原有的利益，也影响了自己的声誉，对于以后的发展也极为不利。

因此，我们想要成功，唯一的办法就是勤奋、努力、踏实。只有练就一身过硬的真本领，才能经受得住一切考验。

2. 别把功夫用在做"表面文章"上

纵观古今中外，许多成功的人并不一定天赋很高，但是，他们无论身处什么环境、什么情况，都主动学习，自觉努力，使自己最终一步步走向成功与卓越。而反观很多天赋很高的人，尤其是一些办公室里的白领，如果逃离了老板的监督和控制，便总是想赚得多，做得少。于是，他们一再地放任自己，偷懒、耍滑，而最终却把自己的前途算计了进去。

李建华经营的保龄球馆有一批固定客户，其中有位经常在工作日来的客户名叫魏巍，他就职于一家外企。这天，魏巍又来打球，还跟李建华闲聊起来。

李建华问："你们外企不是都很忙的吗？你今天怎么有空？"魏巍笑了笑说："我现在应该是在外地出差，哈哈哈……"接着，魏巍说清楚了原委，公司有很多售后服务需要出差去解决，于是他每隔一段时间就要去看一下售后，但事实上并不需要那么频繁出差，所以他经常谎称出差，实际上哪也不去，甚至还想办法开到旅行社的机票、发票和出差地的吃住行的发票。

不久后的一天，魏巍又来打球，大家打趣地问他："现在在哪儿'出差'？"他说："在厦门，周一才回公司。"未几，他突然接了一个电话，继而声色紧张地走开，一会儿回来，面

第四章
即便身陷泥沼，依然有仰望星空的权利

如土色。

大家问他原委，他说是老板来的电话，问他在哪儿，他轻车熟路地回答说在厦门。老板说他也在厦门，正好可以和他开个会。魏巍脑筋急转弯一般地迅速说："我在机场，正打算回去。"谁知老板说他也在机场，可以在机场开个短会。走投无路的魏巍只好说出真相，老实交代他并没有去厦门出差，但又撒了一个新谎说是因为家里有事。此时撒谎已无济于事，没多久，魏巍就被开除了，原来，老板早就察觉了他的"虚假出差"。

就算你不在老板的眼皮底下工作，但是，这并不意味着他完全失去了对你的监督。就算是你运气好，算计得精，瞒过了老板，但是长久下来，你也形成了一种惰性，在业务能力上也会逐渐下滑。诚然，一个没有业绩的人，在公司里是不会受老板欢迎的。

作为一个公司员工，就算老板不在身边监督你，也不应该放松自己。因为，只有发自内心地勤奋和努力，才能让你在工作中做出更可喜的成绩。不要以为你的工作只是为了做出样子来给老板看，老板要的是实际业绩和工作效果。

"慎独"是一个有关古人修养的概念，意思是说，当你一个人独处的时候，更要注意自己的品德和行为，不要因为无人知道就放松自己，甚至放纵自己。很多人就是因为不能够"慎独"而出了问题。

工作的主动性是员工的必备素质。无论趁机偷懒还是谨慎

人情练达
将心比心的善良，是最高级的修养

无奈地继续自己的工作，都不是正确的做事方法。尽管后者仍然努力，但那也只是防止有人打小报告，告自己的状而已。被动地工作最多能够完成老板交代的任务，然后心安理得地拿自己的薪水，对一个优秀的员工而言，这样做是远远不够的。

优秀的员工之所以努力工作，并非只是为自己的饭碗与薪水，他们有更高的需求。把工作简单地视为换取劳动报酬的想法是低级的、短视的，有望成就事业的人永远不会把眼睛停留在薪水上；与此相反，他们把工作当作一项事业来做。

姚月刚从那个偏远山区到城市打工的时候，由于没有什么特殊技能，于是选择了餐馆服务员这个职业。在常人看来，这是一个不需要什么技能的职业，只要招待好客人就可以了。许多人已经从事这个职业多年了，但很少有人会认真投入这个工作，因为这看起来实在没有什么需要投入的。

而姚月却恰恰相反，她一开始就表现出了极大的耐心，并且彻底将自己投入到工作之中。一段时间以后，她不但能熟悉常来的客人，而且掌握了他们的口味。只要客人光顾，她总是千方百计地使他们高兴而来、满意而去，不但赢得顾客的交口称赞，也为饭店增加了收益，因为她总是能够使顾客多点一至两道菜，并且在别的服务员只照顾一桌客人的时候，她却能够独自招待几桌的客人。

就在老板逐渐认识到她的才干，准备提拔她做大堂经理的时候，她却婉言谢绝了。原来，一位投资餐饮业的顾客看中了她的才干，准备投资与她合作，资金完全由对方投入，她负责

第四章
即便身陷泥沼，依然有仰望星空的权利

管理和员工培训。

几年后，姚月不但有了一家属于自己的酒店，并且把它经营得红红火火。

由此可见，老板的赏识固然重要，但是面对工作不能完全为了做给老板看，任何机会都有可能成为改变自己的契机，要保持严格自律、自我鞭策。

另外，只有自动自发地工作才能完全释放你在工作中的热情和能力。自动自发是一种对待工作的态度，也是一种对待人生的态度。只有当自律与责任成为习惯时，成功才会接踵而至。

3. 遵从自己的内心

电视剧《水浒传》里有这样一段剧情：

林冲被高俅栽赃诬陷，进而发配沧州，路上被押送的官差欺辱。甚至，在经过野猪林时，两个押送他的官差正准备结束他的性命。眼看着大刀就要落到林冲的脑袋上了，在这千钧一发之际，鲁智深仿佛从天而降，大喝一声，挑开他们的大刀，紧接着三拳两脚就把两个官差打得磕头求饶。

人情练达
将心比心的善良,是最高级的修养

我们在感叹林冲的不幸的同时,对他的软弱也觉得愤懑。一味地忍让和善良并不能够化解自己的险境,此刻的善良正是优柔寡断——如果善此时不是恶的对手,那是善的一种无奈,但如果善能战胜恶,却不愿意去战胜恶,相信人性本善,幻想自己的善能够感化恶的心,而任由恶来欺负自己,听从恶的摆布,那就是善的悲哀了。

坚持自己的权利是最基本的做人原则,你若随便让别人占你的便宜,不仅会失去维护自己权利的能力,也削弱了那种站出来争取你应得权利的尊严。

这不是说人不该宽容,人的确应该宽容,但是宽容不代表轻视自己的权利。假如你向别人让步,而且你又没有慷慨的资格,只是让自己负担不起,这种行为最终会让你付出代价。

刘平是一个小有名气的律师,不久前离开了与朋友合开的那家律师事务所开始另立门户,由于工作很多,雇了一位律师助理王琳。王琳做事很不认真,经常心猿意马,丢三落四,给刘平误了不少事。

起初刘平发现王琳不是自己想要雇的那种人,很令自己失望,虽然有些恼怒,却也没说什么,因为他一向是个不愿与人轻易翻脸的人。就这样,一直到办公室里变得像个废纸收购站,需要的卷宗总也找不到,吩咐的任务十有八九都被无限期地拖延,毫无效率可言时,刘平这才真的对王琳抱怨起来。

但是王琳却认为刘平这样对她不公平,愤愤然难以接受,而且要求刘平给她额外的薪水来完成他的要求。这下子刘平发

第四章
即便身陷泥沼，依然有仰望星空的权利

火了，而且真的火了，于是，一气之下把王琳解雇了。

然而随后可怜的刘平便面临了这样一堆难题：

大量积压的工作急需处理；他以后见到年轻的女孩都有点怕，不敢雇用。他对自己像个失败者一样处理问题感到愤怒；但他仍旧需要找到一个律师助理——他（她）或许做得更糟糕。

平静下来之后，刘平终于认识到，他是被伤害了，被很严重地伤害了。

工作中不知你是否有这样的体会：那些平时常伤害你的人会建立起一种生活习惯，随着时间的推移，对他所做的事变得习以为常。因为你以前从来没有反对过，他就认为这样做是可以被接受的。一旦你忍无可忍，要求他尊重你的权利、放弃习惯时，他就会认为自己若有所失，反倒认为是你的过错。

如果有人伤害了你，你要及时告诉他，别觉得有什么难为情。如果错的是他，你可以让他知道你的立场，他很可能会有所改变，表现得更让人接受。他也可能会觉得羞愧不已，对自己的自私行为感到内疚。只有拉下脸来，毫不客气地把你的损失和受到伤害的事实列出来，你才有可能避免下一次的伤害。

相反，你若让别人占你的便宜，你不仅会失去维护自己权利的能力，也削弱了那种站出来争取你应得权利的尊严。

为此，你应该注意：不再说那些招引别人欺负你的话。"我是无所谓的"，"算了我不在乎"，也摒弃那种支支吾吾的

态度，它容易给人造成误解。和隐瞒自己真实感受的绕圈子的话相比，人们更尊重那种不含糊的回绝。同时，你也会更加尊重你自己。

4. 不做沉默的羔羊

在职场中，也是同样的道理，并不是你努力了就一定会被上司发现，也并不是忍让就能换来海阔天空，做一个"沉默的羔羊"是非常可悲的事情。

刚刚毕业的小颖的顶头上司是一个中年女人，她经常差遣下属帮她办私事。这天，她安排小颖去帮她接快放学的孩子，小颖只好去了。刚出门，就碰到公司经理，经理问她去哪。小颖不知道怎么想的，鬼使神差地说："主管让我去买点东西。"

后来经理知道了真相，在大会上公开说："身为公司职员，对领导不能做到诚信，又怎能为公司尽心尽力呢？"之后，小颖自然是辞职了。

在办公室里，我们不必处处做一只沉默的羔羊，当然，这也不是说让你处处争强好胜。我们必须明白，该做的时候做，该说的时候也要说；否则，自己付出的努力换不回应得的报

第四章
即便身陷泥沼,依然有仰望星空的权利

酬,只会让自己越做越没信心。

金钟研究生毕业后进入了一家规模不算大的科技公司,在公司研发部从事软件开发工作。研发部的员工数量不多,仅有二十多名员工,由于是研发部门,因而大多数员工与金钟有着相似的背景,基本上都是研究生学历,并且大多都来自国内的知名高校。

金钟进入公司将近三年了,虽然大大小小的研发项目参与了不少,并且其间还参加了几个比较重要的项目,但是总感觉自己没有受到重视,老板也没有给自己加多少工资,他越来越感觉自己在公司的前途渺茫。

一次与朋友吐露心声,他说:"我觉得,无论在学历、经验及能力上,虽然自己并不是非常突出,但也绝不会比其他同事差。甚至有些同事,我认为根本就不如我,可他们却能够受到老板的重视,无论在工资,或是职位上,都比我强。更让我郁闷的是,与我同时加入公司的一位同事,各方面条件跟我都很接近,但明明没有我努力,可工资却明显高于我。现在,我是对这个公司彻底失望了。"

听完金钟的叙述后,他的朋友问了金钟这样一个问题:"你觉得你有没有让你的老板了解到你在努力工作呢?"金钟不解地问:"还用我去告诉他吗?他应该能看见的。我们部门就这么几个人,我经常周末加班;研发中很多问题,都是我提出的解决方案,这都是明摆着的,还用我说!"

他的朋友笑了笑说:"这就是你的问题了。你总是认为你

人情练达
将心比心的善良，是最高级的修养

的付出，老板一定能知道，于是便很少主动去说，也不认为这样说了有什么效果。所以，老板可能感觉你对公司并没有多少感情，你只是把公司当作一个跳板，在你成熟之后，你可能就'飞'了，因而对你并不抱太大希望。"

很多年轻人，在职场很努力，却总是郁郁不得志，有很多人的问题都在于过于"沉默"，不会甚至是不愿意去告诉自己的老板自己有什么成绩，付出了哪些努力；就算有时候遇到同事抢功、上司抢功，也都懒得争辩、忍气吞声。

另外还有一些人，他们认为"说"是没有用的，他们的思想上总是认为"老板又不是傻子，他看不到吗"。

然而，并不是每个老板都"明察秋毫"，有的老板就是偏爱更爱表现自己的员工。因此，你需要不断把握各种跟老板接触的机会，让他了解你是怎样为你的目标而努力的，同时不断地告诉他，你在工作上有什么成果，你具体做了什么事，你是怎么思考的，这样，便容易形成一种气势。只要时间足够，你的同事、你的老板自然而然便会形成一种印象，他们会发现你确实是非常积极的，便开始更多地关注你。如果你能够不断地加深这种印象，那么，你的老板便会更加信任你。

因此，如果你有成果，请不要吝啬，也不要过于谦虚，你应该寻找机会告诉你的老板，让你的老板了解，这样，你才更容易获得发展的机会。

否则，你总是习惯做一个"沉默的羔羊"，别人让做什么就做什么，自己做出了成绩也不邀功、不请功，甚至被别人抢了功也只是默默承受，试想，一个连自我都保护不好的人，肯定是无法胜任重要部门的工作或担任主管职位的。这样的人，即使老板发现了你的才能，也不敢重用你。

而无数的事实证明，只有敢于挺身为自己的付出发言，捍卫自己的正当权益才更能赢得别人的尊重、公司的重用。

5. 任你七十二变，我自有火眼金睛

生活中，我们常能碰到这样的人，你有用的时候，竭尽所能地巴结你、讨好你，等到没有了利用价值，便像丢废品一样，弃你而去。这样变脸比变天还快的小人当然是不可交的。可是，有时候，当对方伪装成另外一副模样的时候我们并不知道，等到事发，只能自己承受后果。

何其和魏东生在同一个公司的同一个部门工作，两个人关系不算很好，但是也还过得去。一天，魏东生私底下找到何其，有点不好意思地说："何其，我想跟你借点钱，大概三个月就还给你。你看行吗？"何其是那种不会拒绝别人的人，看到魏东生这样子，就答应了他。

两个月之后，魏东生不仅还了钱，还附带了三个月的利息。魏东生满怀感激地说："关键时刻是你借给我钱的，数目虽然不多，但的确帮了我大忙，这利息是你应得的，就别跟我

人情练达
将心比心的善良，是最高级的修养

客气啦。"

何其听他这么说，觉得也对，就接受了利息，而且还觉得魏东生是个言而有信的人。从此，魏东生隔三岔五地就跟他借钱，每次数目都不大，而且都能在规定日期之前归还，不仅如此还会附带利息。正是由于这个原因，两人经常在一起聊天，俨然是一对好朋友。

突然有一天，魏东生急匆匆地来找何其："我的钱被套住了，现在需要一笔钱来周转，你一定要帮我啊。"

何其痛快地说："没问题，要多少？"魏东生继续说："这次数目大了些……但还是三个月还。"何其犹豫了一下，但一想每次魏东生都能按时还，相信这次也不会例外，就说："没问题。"但是两个半月之后，魏东生就辞职离开了公司，任凭何其如何给他打电话，都是没有回应。

善于变脸的小人，他们通常会当面一套，背后一套，过河拆桥，不择手段。他们很懂得什么时候摇尾巴，什么时候摆架子，何时慈眉善目，何时如同凶神恶煞一般。他们在你春风得意时，即使不久前还是"狗眼看人低"，马上便会趋炎附势，笑容满面；而当你遭受挫折、风光尽失后，则会避而远之，满脸不屑。

这种惯于使变脸术的"朋友"，对你永远也不可能有什么真心，用得着时甜言蜜语，用不着时就落井下石，所以一旦发现这种小人，就赶快远离他们，千万别被这种"朋友"迷惑住了。

郭东在一家杂志社工作了半年，他的顶头上司王主任觉得

第四章
即便身陷泥沼，依然有仰望星空的权利

他颇能吃苦，又很有才华，是个不错的小伙子，于是就有意提拔他，常常把一些重要的工作交给他做。

一年后，策划部有个主管离职，王主任便极力向高层领队推荐郭东。而郭东也比较争气，就在这个时候，他主编的一本书稿获得了省优秀奖。于是，公司决定让他做代理主管。刚当上代理主管以后，他更是努力有加，勤勤恳恳地工作，不到两个月，他就把策划部打理得井井有条，并且还向上级主管递交了他的一些自己的新想法。当这些想法被采纳以后，他名正言顺地成为了策划部的正式主管。

然而，两年以后，因为公司发行部的牛经理出国，于是这里便又空出来一个位置。大家谁都知道，这个位置既轻松又有实权，当然是块不小的肥肉，而公司最有可能接管这个位置的人就是王主任和郭东。

在王主任心里，并没有意去和郭东抢这个位置，他觉得，郭东年轻有为，在短短的两年时间内做出了不少成绩，如果他能顺利升迁到这个位置，一定对公司有好处。

然而，让他万万没想到的是，为了和王主任竞争这个位置，郭东竟然私下里找过杂志社的总经理，并且还和其他同事扬言说，王主任不过是有点老资格，其实论管理能力和文采他哪有一点过人之处。

听到这些传言，王主任实在是感到心寒，曾经他一手提拔的郭东，原来只是把他当成了一颗棋子，如今没有用了，不仅没有感恩的心，反而还落井下石。

在生活中，一定要谨防那些惯于把别人当棋子来利用的小

人。这样的人，总是以利益为重，毫无公德可言，并且还常常不识抬举、不知好歹。在这种人身上，我们常常只有吃亏而得不到一点好处。因此，当你发现身边有这样的人，就尽早远离；如果你并不知道对方是否就是我们说的"善变"的人，对于自己不了解的人，我们还是要多加观察、分析，以防上当受骗。

6. 层次越高的人，越懂得说"不"

  明明不感兴趣，偏偏说自己喜欢；明明很在乎，却要假装一点也不在意；明明很关心，却要表现得不屑一顾；明明很反感，却要摆出一副虚伪的笑脸……当一切真相大白的时候，只能让自己陷入为难的境地，用牺牲自己个性、尊严乃至健康的方式去换取别人的好感，不是太"LOW"了点么？

  猜忌、顾虑、多疑，让如今的人际关系变得越来越复杂，越来越不真诚。当所有的交往都披上了虚伪的外衣，当所有的交流都变得口是心非，这对于生活在这个扭曲的世界里的所有人，其实都是一种伤害。

  顺从别人让对方满意，似乎是表达自己善意最好的方式。但任何事情都有其两面性，如果妥协过了头，就变成了姑息和纵容。

  有个公司，接待了一个潜在投资人。

  金主大多是不好伺候的。初次见面，先给对方来个下马威，

第四章
即便身陷泥沼，依然有仰望星空的权利

方便日后讨价还价。态度傲慢，百般挑剔，时不时还要冷嘲热讽一句"你们这样的小公司，我们一年要看几百个"。意思是，你这么多毛病，我还选择你，你应该感激涕零地道谢才对。可明理的人挑剔都有限度，更不会说那些不入耳的难听话。

不过，毕竟是金主，再难忍，同事们也掐着自己的大腿，赔笑脸。整整一天，每个部门都被折磨得鸡飞狗跳。平时斗志昂扬的一群人个个垂头丧气。

午饭时间，连公司旁边的快餐店，都仿佛充满了怨气。一想到自己未来的劳动成果要贡献一部分给这种人，心里说不出的憋屈。

可就在下班前一分钟，老板发了一封全员邮件，邮件只有短短一句话："感谢大家今天的努力，经公司管理层决定，不接受该投资人的投资。"

这种邮件其实没必要，高层领导的决定完全没有通知普通员工的必要。可老板还是这么做了。

公司同事们大呼解气，然后，整整一个星期，每个人都斗志昂扬，连那些平时踩着点下班的人都开始加班干活了。

这件事很快就在圈里传开了，很多人都对老板的拒绝津津乐道，大家都感叹终于有人愿意站出来治治那些觉得有钱就了不起的金主。还有一些人认为，公司一定是不差钱。

老板只说了一句话："不能委屈自己，不能没有尊严。"

是的，拒绝的底气与金钱无关，这就像层次和修养的高低与金钱也无关是一个道理。有人总是认为，拒绝是一种技巧。

事实上，拒绝不是简单的技巧，而是不违背为人原则之下的一种底气和实力使然。一个人要拒绝利欲诱惑，要么你有实力，要么你有底气。有实力，是因为觉得这一切我完全可以唾手可得，何必弯下身来；有底气，是因为你有自己的尊严，即使现在不可得，但相信自己将来必然可以得到。

拒绝，自始至终都需要用实力和底气说话。

勇敢地对不想要的说"不"，跟勇敢去争取想要的，是一样的。也许你还不知自己想要什么，但在不断拒绝不想要的过程里，可以慢慢过滤出想要的东西来，那盘水会不断清澈，最后你的心会浮现出来，明净剔透。

我们一直在努力争取的是成就感和尊严，真正高层次的人知道，这两者让你有足够的底气可以选择、可以拒绝。

涨潮的时候，很多东西都会争先冲到浪尖，但潮水终会退去，蜂拥而至的一切也会随下一波浪潮而去。你要告诉自己，莫要被左右冲散。待到浪潮退去后，那个平平淡淡的你，不再追随别人的潮涨潮落，自有一片大海洋，那便是真正的自由。

7. 打开心门，遇见知己

现代人好像更需要朋友，由于代沟或是别的其他原因，我们有很多心事无法和家人交流。因此，这个时候，我们就需要倾诉给我们的朋友。在我们沮丧失落的时候，能够陪伴我们的

第四章
即便身陷泥沼，依然有仰望星空的权利

那个人，一定就是朋友。但是，并不是所有朋友都能够让我们敞开心扉。我们更信任和我们相同遭遇的人。

我有个朋友，前段时间和相恋八年的男朋友分手，终日精神恍惚。我们几个朋友天天陪着她一起，可她天天也不说什么话，只是有时候深夜醒来，会看见她坐在黑暗中，不说话，也不睡觉。

我们也试过开导她，但每次开口，她都是说她没事，然后就什么都不说了。

直到后来，我另外一个朋友也是和认识很多年的男朋友分手，跑过来找我寻求安慰。当时我是比较头疼的，一个都安慰不了，还来俩。只是让我没想到的是，我的这两位朋友一见如故，本来是整日缄口不言，结果她们两个在一起，就各种吐槽倾诉，喝酒痛哭。这样颓废了一个星期后，二人突然一起逛街，还换了新发型，美其名曰告别过去。

我开始也是十分纳闷，为何先前我们的安慰都没有用。

后来，在朋友的解释下，我们才明白，因为即使再亲密，我们也无法感同身受，安慰的言语难免有些官方，但是她们二人是有相同遭遇的，所以格外有共同语言。

后来，她们也成为了很好的闺蜜。

是的，在我们悲伤的时候，我们更需要的是一个能够了解我们悲伤的人。因为我们是不需要劝解的，道理我们都明白，我们只是需要和我们一样的人陪伴着我们度过那段比较悲伤的

85

时刻。

其实随着生活节奏的加快,我们会认识各种各样的朋友,但是,究竟怎样才算是真正的好朋友呢?其实,朋友之间,并不需要华丽的言语吹捧,而是要在对方遇到挫折、陷入困境的时候,伸出手去帮助对方。在你一无所有的时候,才能考验谁才是你的真朋友。

我们只有对朋友真诚以待,才能交到真朋友和好朋友。我们要帮助和关心我们的朋友,同样的,如果你总是拒绝朋友的关心与帮助,那你一样是没有朋友的。

我刚上班的时候,听多了工作中没有真正朋友的言论,所以对待同事都是客气礼貌。平时同事们逛街、看电影,我也总是婉拒,平时同事聚会,也都借口家里有事不太参加。

后来,办公室一个姐姐找我聊天,聊到她刚上班的时候也是这样,但后来发现,其实并不是说只有学校同学才能成为好朋友,大家上班之后,接触的人大部分都是同事。而那些同学们也都因为日益不见,即便感情深厚,也无法时时相伴。我听了同事姐姐的话,以后公司聚会的时候也会偶尔参加,和同事们也都迅速地熟络起来,后来有一次工作遇到困难,也多亏同事们帮助。那时,我才明白,如果你总是关着门,不让任何人进来,那你永远都不会遇到知己。

第五章

升级你的格局，不在琐碎的事情上沉溺

人情练达
将心比心的善良，是最高级的修养

1. 爱钻牛角尖的人，活得很痛苦

有个成语叫作刻舟求剑，讲的是楚国有一个人带着一把剑坐船过江，不小心把剑掉进了水里，别人都劝他赶快去捞，他却在船上刻了一个记号，等船靠岸的时候再捞。此事被传为笑话，可是人们在笑话这个楚人的同时，也经常犯刻舟求剑的笑话。

有一只鸟儿，渐渐长大之后越来越美丽，翅膀上的羽毛也长得愈发丰茂。可是它有一个奇怪的想法，它从来不学习飞翔，只是每天在地面上跳跃行走。其他的鸟类看到它这样，都觉得很好笑，有的还很认真地告诉它，应该用翅膀，飞起来又快又高。

可是这只鸟儿却回答说："没有关系，我的双脚很有力，很会跳。"

其实，这只小鸟跳跃一整年，也比不上飞翔在天上一个小时所能跨越的距离、所能克服的地形阻碍，以及所能远眺、纵观的广阔视野。

在我们的生活中，也总是会有这样的情况，喜欢和别人唱反调，又偏偏要固执己见，不肯接受别人的建议，不肯改变自以为是的思想，这不就是自以为是吗？

人们还常常抱有这样一种看法，认为自己虽然遇上了许多困难，只要再坚持一下，就会成功。

这个看法并没有错，但问题在于，如果我们选择的道路本身就存在着一些难以克服的问题，这个时候就不应该再坚持下去，不要一条道走到黑。或许我们一直抱着这样一个观念：每一个成功人士，差不多在开始的时候都遇到过困难，渡过了难关后，前面就是康庄大道。

其实，如果一开始就选错了道路，遇到了困境，还一味死撑下去，我们可能很快就会陷入人生的困境之中。

生活中，我们应该学会变通，学会在山穷水尽的时候转换一下思路，转化一下心情，说不定会"柳暗花明又一村"。变通能让我们少一些郁闷，多一些开心，少一些烦恼，多一些幸福。遇事不钻牛角尖，人也舒坦，心也舒坦。

俗话说："变则通，通则久。"只要我们学会变通，许多事情都能变不可能为可能，都能变坏事为好事。

在人类进化的最开始，所有生物都是赤脚行走的，人类也不例外。

有一位国王打算去乡村处理事情，但通往乡村的路上有很多的小石子，把国王的脚硌得生疼，脚底都受了伤。他一边忍着痛，一边回到王国里，宣布要把王国内的所有道路都铺上一层牛皮。只有这样，国王才能够不再被石子硌脚，而王国的居民也能免受其苦。

人情练达
将心比心的善良，是最高级的修养

想法是好的，但真正实施起来，却遇到了问题。王国就这么大，就算把整个王国的牛都杀了，也得不到足够的牛皮铺完整个王国的道路，而且这还没有计算养牛的成本以及铺路需要花费的财力、物力、人力。

国王的命令，身为大臣不得不听，但完不成，又会遭到批评。好在有一位勇敢的大臣向国王谏言："国王，我认为杀掉整个王国的牛，甚至兴师动众，筹备那么多的人力、物力，不划算。不如您试着用两小块牛皮包住您的脚，走路就不会被小石子硌脚了。"

国王一听，深觉正确，急忙撤回了公告。

据说，这就是"皮鞋"的前世。

这个大臣的变通完美地解决了国王的问题，还创造了新的发明。在人生的道路上，我们常常会因为理想的光彩、曾经的美好而昏了头，以不屈不挠、百折不回的精神去坚持、去争取，结果却因为某些本来就错误的东西而输掉了自己！

所以说，人在处理问题上一定要学会适度与变通，别把自己的固执、错误的坚持误以为是正确的执着。

2. 明智地放弃，胜过盲目地执着

有些人执着于自己原本就无法实现的目标，还一副"语不惊人死不休"的态度。殊不知，这样坚持下去，往往是目的没达成，还错过了另外的机会。烦恼皆因太执着，要好好生活，必须学会正确取舍！人生的很多时候又何尝不是如此的呢？该妥协时不妥协，继续下去可能遭遇更可怕的后果；该放下时不放下，身心的负担都只会越来越沉重。

一个人最理智的行为，莫过于看清时势，该放手就放手，该妥协就妥协！其实，放手和妥协并非是一件坏事。当我们掉进泥潭时，学会妥协能使我们及时地爬上岸来，并远远地离开那泥潭；当我们错过一班公交车的时候，学会妥协使我们不再错过另外一班……

有一位青年，他从小的理想就是成为一名作家。有了理想之后，他一直为之努力着，他十年如一日地坚持每天写一篇文章。并且，每写一篇，他都反复修改，精心地加工润色，然后，充满希望地寄往各地的报社杂志社。遗憾的是，一直以来，从来没有一篇文章得以发表，甚至连一封退稿信都没收到过，一切都如石沉大海。

30岁那年，他总算收到了一封退稿信。那是一位他多年

人情练达
将心比心的善良，是最高级的修养

来一直坚持投稿的刊物的好心编辑寄来的，信里写道："看得出你是一个很努力的青年，但我不得不遗憾地告诉你，你的知识面过于狭窄，生活经历也显得过于苍白简单。但我从你多年的来稿中发现，你的钢笔字写得很好，而且越来越出色……"

就是这封退稿信，使他猛醒，从困境中走了出来，毅然决然放弃写作，练起了钢笔字，果然长进很快。现在他已是有名的硬笔书法家，作品曾经多次在省内外报刊发表。就这样，他放弃了坚持了十年的理想，转了一个弯，才柳暗花明，走向了成功。

后来，有记者采访这位青年的时候，他说："一个人要想成功，理想、勇气、毅力固然重要，但更重要的是，在人生之路上要懂得舍弃，更要懂得转弯，不能头撞南墙不回头！"这是正确的经验之谈。

人们常说，没有金刚钻，就别揽瓷器活；什么虫钻什么木。发挥自己的长处，避免自己的短处，找准自己的定位和坐标，这是一个人走向成功的首要条件。

而对于那些根本就做不了，或是达不到的事情，永远都不可能实现的目标，无论是事业还是感情，都应该尽早地放弃，不要死缠烂打，以至于一条道走到黑，而使我们深陷在失败和痛苦中！

有个男孩喜欢上了一个女孩。他们在同一个公司的同一个部门工作，男孩天天默默地看着女孩，匿名给她写信、打电

第五章 升级你的格局，不在琐碎的事情上沉溺

话、发短信……却不敢向女孩表白自己的感情。

他把自己当成了一个隐形人。直到有一天，男孩从别处得知女孩早已有爱人。这真是让人心碎的消息。男孩痛苦不堪，看到自己的爱情正土崩瓦解。他非常不甘心，他开始疯了一般打电话给女孩，发给她一些不知所云但言辞激烈的信息。

尽管女孩不知道做这一切的人是谁，但是对这样不断地骚扰感到极度困扰，电话里不再对男孩以礼相待。她开始用冷漠来回敬他。

就这样过去了好几年。男孩发现自己几年来，始终在关注着女孩，女孩穿什么颜色的衣服、梳什么发型，他都知道。所有的一切好像都没有改变过，唯一不同的是，现在的他是令女孩讨厌、唯恐避之不及的人。自己执着的爱情并没有给任何人带来好处，反而平添了诸多烦恼。

生活中，我们对于事业、前途、爱情、生活目标等人生大事，执着地去追求，当然无可非议。但是当你对某些事情过于执着时，往往就会演变成了固执。

很多事情并不像人们所期待的那样，当你为了自己的想法而一味地去追求的时候，往往最后受伤害的人就是自己。因此，这时候，你要记住，生活不要太执着，有些明知道无法做到的事情就尽早放弃；否则，太过执迷不悟往往是伤了自己，也伤了别人。

我们知道生命有限，应该好好把握。成功需要执着，但也不能太执着，过于执着，就是"固执"。因为过于执着，你会

丧失许多机会，自然也会失去很多。"没有放弃，就没有得到"，放下那个"无法到达的目标"，你会发现生活很美，世界很大，值得你付出的还有很多。

今天，如果你正在坚守一份不切实际的"执着"，那么就请放下吧，明智地放弃胜过盲目地执着，及早地调整自己，成功正在前方向你微笑！

3. 别临时抱佛脚，船到桥头未必直

"车到山前必有路，船到桥头自然直"，这是人们经常津津乐道的经验之谈，意在告诉一些身处逆境、绝境的人们天无绝人之路，不要放弃，一切事情都会向好的方面转变。

而在现实生活中，多数信奉车到山前必有路的人常常抱有侥幸心理。他们痴迷于"山重水复疑无路，柳暗花明又一村"的遐想中；他们忘情于峰回路转、咸鱼翻身的盲目乐观中。于是，有些人明明知道自己走上了一条不容乐观的无涯之路，却还不懂回头，等着绝处逢生。比如，输红了眼的赌徒会铤而走险、孤注一掷；穷途末路的歹徒会视法网而不顾，一意孤行以身试法……结果呢，迎接他们的可能是倾家荡产、银铛入狱的悲剧。

其实，车到山前即使有路也未必是正路，亦可能是诱惑和陷阱，因为生活中真正的诱惑和陷阱常常伪装成路。一味地相

第五章
升级你的格局，不在琐碎的事情上沉溺

信车到山前必有路，必然会逐渐消磨我们的意志，麻木我们的心智，使我们萎靡不振，让我们陷于一推即倒的命运的多米诺骨牌中。

孙明做事总是漫不经心。在他上高二的时候，父母亲戚都催他好好学习，马上就要参加高考了，要上不了大学，以后的路就难走了。他却总是不急不躁地回一句："不着急，车到山前必有路。"

高考落榜以后，父母给他找了一份事业单位的工作。原本这是一份比较稳定的工作，可是如今，再不像以前那样，干不干活都可以混饭吃，下岗的人们逐渐增多。

于是，父母又给他找了一个学习的机会。而他却一再推脱，还说："虽然其他单位都私有化了，但是我们这里一切还没定呢。车到山前必有路，到时候再说也不迟。"听了这话，父母气不打一处来，呵斥他："那你就等着车到山前必有路吧，到时候碰到山上撞死你。"

正如父母所说，不久，他们单位就承包给了个人。而孙明没有高学历，也没有一技之长，只能被列入下岗的名单中。

一味地相信车到山前必有路，很可能使自己陷入"船到江心补漏迟"的困境。诚然，凡事都保持一种积极向上的心态当然无可厚非，但我们不能总是遇到困难而临时抱佛脚，将自己置于死地而后生。相信车到山前未必有路是教我们学会审时度势，而不是夜郎自大；是教我们做运筹帷幄的张良，而不

是做大意失荆州的关羽。别把车到山前必有路当作生命中的一种必然，这样，我们的生命就会多了一分睿智，多了一分从容。

车到山前未必有路是给我们的当头棒喝，它让我们知道我们是生活在现实中的人，而不是影视中那些逢山开路、遇水搭桥的英雄好汉。凡事"预则立，不预则废"。长久以来，我们总是遵照自己的习惯行事，就是总以我们的感觉、观点和经验来认知世界，而不能从事物的现状来观察其真本质，所以导致了我们的自负和盲目。

老子就告诫我们说"不自见故明"，即不目空一切才能明见事理。而我们呢，总是希望在自己最无助的时候出现奇迹，那也太天真了。

车到山前未必有路，还意在告诫我们做人不要心存侥幸，尤其是在自己的学习、工作中，不能临阵磨枪，要踏踏实实，更要未雨绸缪。

人生是一次探险。在生活的道路上，我们都会面临很多选择。车到山前必有路的思想可以作为一种激励的手段，但绝不能成为人生的信条；否则，一次疏漏，很可能让你后悔终生。

车到山前未必有路，所以我们应该早早探路，找最好的路走。不然，到了一座无路可走的山前，我们既浪费了时间又耗费了精力。

4. 你最大的敌人，是思维定式

所谓思维定式是指人们从事某项活动的一种预先准备的心理状态，它能够影响后继活动的趋势、程度和方式。在我们的生活中，很多人一旦形成了习惯的思维定式，就会习惯地顺着定式的思维思考问题，不愿也不会转个方向、换个角度想问题。

数学家华罗庚讲过这样一个故事：

如果给你一个袋子，让你去摸里面有什么，第一次是一个白玻璃球，第二次、第三次、第四次、第五次都是红玻璃球，于是我们会想，这个袋子里装的是红玻璃球。

可是如果第六次，摸到的是一个白色的球，那么我们会认为这个袋子里装的是玻璃球。可是如果我们继续摸，我们又摸出了一个小木球，我们又会想，这里面装的是一些球吧。可是如果我们再继续摸下去……

我们在一个有限的范围内接触了一定的、类似的概念后往往会形成一种思维的定式，并且在一定的范围内似乎它也是没错的。

因此，我们常常被善于表演魔术的魔术师轻而易举地欺

人情练达
将心比心的善良，是最高级的修养

骗。其实，不是魔术师有什么特别高明之处，而是我们大伙儿的思维过于因袭习惯之势，想不开，想不通，所以上当了。比如人从扎紧的袋里奇迹般地出来了，我们总习惯于想他怎么能从布袋扎紧的上端出来，而不会去想想布袋下面可以做文章，下面可以装拉链。

很多人走不出思维定式，所以他们走不出宿命般的可悲结局；而一旦走出了思维定式，也许可以看到许多别样的人生风景，甚至可以创造新的奇迹。

一名日本商人阿德森已经小有成就，在一次意外的旅行中，他邂逅了一座日本东部的小岛——鹿儿岛，这里气候温和、鸟语花香，每年吸引大批来自世界各地的旅客。阿德森第一次来到这里，就被深深地迷住了，他有一个大胆的想法：放弃自己所有的一切，在鹿儿岛上建一个大型度假村！

不久后，在阿德森的努力下，度假村落成，迎来了第一批旅客。旅客们住了之后觉得一切住宿条件都很满意，只是附近的风景很一般。度假村在一个山坡上，可是山坡光秃秃的，他们建议阿德森在山坡上种一些树，可是阿德森的资金已经几乎耗尽，没有办法种树。

不过，没过多久，阿德森就有了一个好主意，他迅速打出一则这样的广告：各位亲爱的游客，您想在鹿儿岛留下永久的纪念吗？如果想，那么请来我们的度假村的山坡上栽上一棵"旅行纪念树"或"新婚纪念树"吧！

这新奇的想法受到了人们的追捧，种树，多么有意义的事

第五章 升级你的格局,不在琐碎的事情上沉溺

情啊,很多人慕名而来。当然,阿德森并没有忘记替游客们准备一些花草、树苗、铲子和浇灌的工具,以及一些为栽树者留名的木牌,游客栽一棵树,鹿儿岛度假村收取300日元的树苗费,并赠送一块木牌,由游客亲自在上面刻上自己的名字或者想留下的话,以示纪念。如果有机会故地重游,还可以来看看当年自己栽下的树。

一年下来,阿德森的度假村仅"绿色栽树费"就收获了共1000多万日元,扣除树苗成本费400多万日元,还赚了近600万元。几年以后,随着幼树成材,原先的秃山坡变成了绿山坡。度假村更美了,也成为岛上首屈一指的住宿地。

我们常说,思维定式往往决定了一个人能否成功。如果总是以一种固定的模式思考,往往只能步别人的后尘。只有变换思路,才能事事为先。比如,当你从舞剑中悟到了书法之道,在这些方面你可能就会比别人更高一筹;当莱特兄弟受飞鸟启发,造出了飞机,便成了人们都为之兴叹的传奇;牛顿在从苹果落地悟出了万有引力的时候,他的名字便再也不会让人们忘记……换个角度、换个思路,也许我们面前是一番新的天地。

历史课上,老师讲到一句俗语——条条大路通罗马,同时也讲述了关于这句俗语的典故。古时候,罗马是地跨亚非欧三大洲的罗马帝国的经济、政治和文化中心,对外贸易和文化交

流十分频繁，全国各地来往的商人和朝圣者络绎不绝。罗马当时的统治者，为了加强管理，修建了一条条以罗马为中心，通向四面八方的大路。据说，无论是从欧洲的哪一条大道开始走，只要不停地向前走，都能成功抵达罗马。

条条大路都可以到罗马，这是人人皆知的谚语，可是人们仍不免陷入固态思维，不妨换个角度去想，哪条路都可以到达目的地。

"知识就是力量"，但如果是死读书，只限于从教科书的观点和立场出发去观察问题，不仅不能给人以力量，反而会抹杀我们的创新能力。因此，在我们工作，或者学习知识的同时，应保持思维的灵活性，注重学习基本原理，但也要和实际相结合，而不是死记一些规则，这样学到的东西才会派上大用场。

在人生的旅途中，我们总是经年累月地按照一种既定的模式运行，就容易产生消极乏味的感觉；面对问题换个位置、换个角度、换个思路，认识对象，研究问题，从多角度、多方位、多层次、多学科、多手段去考虑，而不是只限于一个方面，一个答案，也许我们面前是一番新的天地。只有不断突破思维定式，超越自我，人生才会更精彩。

5. 见势出招，见招拆招

每个船长都一样，在海上遇到暴风雨，怎么办呢？是冒着可能翻船的危险顶着风浪上呢，还是暂时改变航向，以避开危险？面临这样的选择，没人会坚持吧，毕竟无谓的牺牲是毫无意义的。

其实，在我们的工作和学习中，也常常遇到这样的事情，当我们面对一个比较棘手的问题，难以坚持的时候，不妨在原有的行事基础上稍做改变，或许就能够拨开云层，看到另外的景象。

在19世纪，美国加州发现了金矿，引起了风靡一时的"淘金热"，无数的淘金者从天南地北蜂拥而至。一时间"淘金"成了最热门的话题。

在众多的淘金者中，有一位17岁的小农民，历尽千辛万苦，也来到了淘金大潮中，他的名字叫亚默尔。此时的加州，遍地都是淘金者，所以导致金子越来越难淘。来这里的淘金者大多都是在生活上艰难的人，而且，当地的气候也异常干燥，所以造成了水源奇缺。食物也不够丰富，很多人忍饥挨饿坚持淘金，不小心得病就失去了性命。

亚默尔也和大多数人一样，并没有挖到多少金子，反而却被饥渴所折磨。有一天,当亚默尔望着水袋中舍不得喝的一点水时,突发奇想,为什么自己不去卖水呢。

想通之后,亚默尔用自己手中挖金矿的工具挖了一条水渠,将远方河水引入水池后,再过滤,成为可供饮用的水,然后挑到山谷里,一壶一壶地卖出去。

有很多人在嘲笑亚默尔,说他胸无大志,费尽千辛万苦来到这里,不努力地挖金子,却干起来这种蝇头小利的小买卖,亚默尔笑了笑,继续卖水。因为那些淘金者虽然在嘲笑他,但还是要来买他的水,更何况,这些水几乎没有成本,非常好卖,价格也还算不错。

当风靡一时的淘金热冷淡下来后,大多数的淘金者都没攒下什么资本,而亚默尔赚到了6000美元。这是一笔不小的数目,也是亚默尔做其他生意的起始。

有句话说,此路不通,另辟蹊径。瞧,它不但是行路的好方法,在我们的日常生活中也非常实用。所谓另辟蹊径,就是要换思路想问题。其中具体的方法有很多,比如,转换问题的类型,转移问题的视角,转换问题的焦点,或者借助解决其他问题的办法来解决目前的问题,等等。

所以说,当我们航行在人生的大海中,碰到波涛、漩涡,甚至是台风、巨浪时,如果我们拒绝掉转船头,认为迎着风浪前行才是勇敢者的行为,勇气、刚毅、坚强才是人性高贵的唯一证明,那么我们很可能会付出船毁人亡的巨大代价。而这个时候,掉转船头,绕开漩涡,另辟蹊径,并不一定就意味着懦弱，而恰恰是一条更容易接近目标的捷径。

有一次，陈默在体育馆与哥哥进行乒乓球比赛。双方互不相让，一来一回，打得不相上下。当比分为10∶10时，两个人都又累又紧张，再加上偌大的乒乓球室只有陈默和哥哥两个人，空气也好像凝固了。

这时，陈默灵机一动，有了一个想法。因为哥哥个子较高，下防比较困难，如果他从下方攻击，改变方向，哥哥也就很难接球。就这样，陈默改变战术，来了一个过网球。哥哥真如他所料，没能接住球，因此失败了。

现实生活中，不管处理任何事情，都要灵活应变。此招不行，赶快换招，否则，即使你用尽了力气，恐怕也难达到目的。

6. 保持独立思考，不做"墙头草"

原本，"墙头草"是一种随着风向来回倾倒的植物，后来人们用它来比喻那些没有主见立场、意志不够坚定、见风使舵、左右摇摆的人。生活中，这样的人不在少数。虽然这样的人在复杂的社会关系中能够讨好一部分人，但是，也常常因为这种性格栽了大跟头。

人情练达
将心比心的善良，是最高级的修养

孙灿是一位颇有文采的年轻人，刚到编辑部的时候，刘主任非常看重他，并有意培养他，无论是出差，或者会见重要客户，都要带着他。孙灿也比较识趣，每到过年过节，总不忘拿着礼物去看望刘主任。他们的交情一直不错。

可是，在一次与客户的交涉中，刘主任在合同上出了一点疏漏，给公司带来了不小的损失。于是，公司领导决定不再让他担当重任，念及他为公司多年操劳的份上，没有撤销他的职位，只是把一些重要的事情交给了另外一个比他年轻的易主管。因为他的失宠，以前一些巴结他的人也逐渐远离了他，改去追捧那位易主管。

看到这种情形，为了让自己的事业更顺利地发展，孙灿也去接近那位易主管，并且，从前每逢过年过节给刘主任送礼的习惯改成了给易主管送。这让刘主任感到非常心寒。

一年后，因为易主管年轻、浮躁，做事总是没有刘主任稳当，公司通过会议决定，把公司的一切重要事情还是交由刘主任来处理。但是，这时的孙灿已经和刘主任疏远了很多，如今再没脸去主动讨好刘主任，只好自己辞职不干了。

做"墙头草"，有时候会损人害己。当你随着风向倒向一边的时候，被你背弃的那个人心里一定受到极度的创伤，一方面对你的做法失望，另外也对这种世态炎凉感到灰心。而你自己也好不到哪里去，试想，别人会喜欢你这样的"墙头草"吗？即便是有人喜欢，在心里也对你保留了一份戒备。这样的

第五章 升级你的格局，不在琐碎的事情上沉溺

人终究是得不到别人的信任的。

比如，我们经常遇到这样的销售人员，销售窗帘的向我们积极推广他们的新品："这是新出的竹纤维窗帘，跟传统的窗帘相比更大方，更高贵……"

"我不喜欢那些乱七八糟的新品，只喜欢全棉的。"

"你说的没错，我也觉得还是以前那些传统的款式和质料好，这些新出来的产品吧，名字听上去好听，其实不中用……"

"太传统也不行，还是要有新的工艺和图案。"

"是的是的，窗帘嘛，要想让自己赏心悦目，还是要比较新鲜的，老对着旧款式，人们都有审美疲劳了……"

作为顾客，你还会相信这位销售人员的任何话吗？这种人就是所谓的见人说人话、见鬼说鬼话的典范，基本上是"1+1，您说等于几就等于几"的类型。这样的人，即使侥幸在某个陌生环境骗人一时，却无法得到别人长久的信任。

当然，我们不难理解那些为了推销产品而不惜说一些违心话的销售人员的处境。如果他说出内心真实的想法，比如"这么贵的浴巾都买，不宰你宰谁"，那生意还怎么做啊！可是，作为销售人员，也不能一说话，就让人失去对你的信任，这样还谈什么业务成交啊。

不说真话，其实也不必说瞎话。更聪明的做法或许是说些解释说明类的话，比如什么叫"竹纤维"，某些工艺或者质地的优点和缺点之类。这样不但没有了做"墙头草"的嫌疑，反而让客户更了解你的产品。

当然，除此之外，这种"墙头草"的作风在职场更是屡

105

见不鲜。比如老板刚摆出一个方案，说得挺兴奋，叫大家发言。有人说："这个方案挺好的，创意特别新……"老板插话说："创意新未必有效果啊，没创意未必效果差啊。"这个人会马上改口："是这样的，听着挺好的，执行起来难度很大，而且效果未必好……"

这种做法虽然也有让人永远听不到异议的优点，但是，没有自己的立场和主见，总归还是难以取信于别人。

有不同意见，又怕说出来别人不高兴，我们可以选择笑着静默，或者找些有关联的事情来打破沉默。这样要比做一个"墙头草"，随着风向摇摆不定好得多。

第六章

别死要面子活受罪,
也别硬邦邦地说"不"

1. 我生来平庸，也生来骄傲

行走社会，每个人都会遇到求人办事的时候。我们也会面临来自各种关系群体的各种请求和命令，这时候，想说拒绝不容易。稍不注意，我们就很容易被人情套住，为他人的请求花费我们的时间、金钱和精力。

每个人都希望自己拥有良好的人际关系，并且能够在人际交往中左右逢源、如鱼得水。然而，人情关系就是一张密密麻麻又复杂的网，你希望别人事事帮助自己，处处给自己留足面子，但前提还是你对别人有求必应。良好的人际关系不是单靠你来我往就能够做到的。有时候，你必须学会拒绝，否则就会被人情套牢、无法呼吸。

谈判专家费舍尔曾对自己的学生说过，有时自己想写一本关于说"不"并坚持拒绝的书。因为，他意识到，当身边的人对他施加压力时，他真想放弃自己的立场，屈服让步，可是又心有不甘，悔恨自己的选择。

就像费舍尔一样，大多数人发现，自己想坚持拒绝，又想顺从提出要求的人，真是左右为难。如果拒绝的是一位有价值的客户或是自己的好友，这种"左右为难"的感觉会更为强烈。

第六章
别死要面子活受罪，也别硬邦邦地说"不"

某个周五的下午，李爽不停地唉声叹气，一直向丈夫抱怨，说女儿的古琴考级下周三就要开始了，这个周六答应陪她去音乐学院老师那儿培训一下。可是，自己某个闺蜜就要结婚了，周六下午专门邀请自己陪着去选一下婚纱和礼服。偏偏不巧，那天自己妹夫生日，妹妹准备在家里搞一次大聚会，人手不够，自己还得过去帮忙。

李爽想想自己上班一周已经很累了，大周末就想轻轻松松休息一下，可现在还有这么多事等着，真的要累死了。

丈夫在一旁听她抱怨，一边笑一边幸灾乐祸地说："我还不了解你？整天就知道瞎逞能，自己也不懂得推辞一下，那么多事，我看你怎么忙得过来？"李爽郁闷地回答丈夫说："我都焦头烂额了，你还在这儿说我，没办法呀，既然已经答应，我怎么好意思再推脱呢？"

丈夫太清楚李爽的性格了，她总是那样，无法避免各种人情世故的小事，让她学着拒绝，简直比登天还难。别人只要一开口，她二话不说都会答应下来。有的时候确实忙不过来或者心里不情愿的时候，她担心别人不高兴也不会拒绝，更多时候还是碍于熟人情面，从心底里希望帮助别人。这样的后果就是把自己弄得疲惫不堪。

丈夫看到她这样慌张忙乱，实在可怜，便自作主张帮她给朋友和妹妹打电话说她有事，不能前去帮忙了。简单的一句话就避免了诸多麻烦，当然，别人也没有生气，都表示很理解。

生活中，有很多像李爽这样的女人常常被各种人情套牢，

人情练达
将心比心的善良，是最高级的修养

被迫做自己不应该做、不愿意做的事，没有了自我，没有了自由的空间，凭空增添了诸多烦恼和沮丧。

"拒绝"是一种"量力"的表现，也能够决定你是否可以根据自己的节奏来决定做事的先后次序，而不是按照他人的节奏来进行。因此，你不必因为拒绝别人一件事而感到不好意思。

马悦然是一个个性独立好强的女孩子，大学一毕业，就独自在离家很远的地方上班。某天，一位老家的同学突然联系她，说自己有一个富二代朋友张希要到马悦然工作的地方去旅游，希望她能够照顾一下这位朋友，有空的时候给张希当一下导游，带他四处转转。

马悦然听说过张希的名字，据说是个富二代，没有工作，到处旅行。现在张希因为旅游来麻烦自己，马悦然心里并不情愿接待。于是，她果断拒绝了老同学的请求，还教育了老同学一番。马悦然说，做人要自强自立，不要有依赖，也别想着依靠谁。他想去哪里玩，可以上网查攻略，自己工作这么忙，没有时间接待他，况且是个陌生人，她也不需要结交这个所谓有钱的朋友。

马悦然的拒绝有理有据，坚决果断，老同学听了也觉得在理，并没有一点不愉快，反而更加敬重马悦然的为人，夸她有原则，值得信任。

马悦然认为朋友托付的这件事有些麻烦，一来自己没有时间，二来也不是自己愿意去做的事情，因此从一开始就态度坚决地拒绝了对方，从而避免了人情上的种种拖累。助人为乐当然是好事，但最好是在自己能力范围之内，若超出了这个范围，助人就不再是快乐，而是沉重的负担。倘若因为勉强自己接受他人的要求而扰乱自己的步伐，最终就会被这种人情牢牢地套住，一环扣一环，无法脱身。

当然，拒绝也不等于无情无义，更不是一意孤行，而是要视自己的具体情况而定。能做到最好，做不到也不要勉强自己答应。拒绝亲密之人的不当要求是一门学问，是一项应变的艺术。

2. 朋友向你借钱时，你怎么办

生活中，有的朋友会向你借钱。问题的关键就是有借有还，再借不难。如果借钱的人没有好信誉，那就意味着你的钱要打水漂了。为了避免这种情况发生，我们就要懂得委婉拒绝。

有句老话叫"亲是亲，财是财，亲兄弟明算账"。无论是亲朋好友，街坊邻里，还是同事之间，一旦有借贷关系，那就形成债权和债务的关系。只是大多数情况下，人们会把情谊放在首位，忽略了法律上的关系，到头来是吃尽了亏。

网上有这样的一个测试：一个关系要好的朋友，借了你一

人情练达
将心比心的善良，是最高级的修养

些钱，到了约定归还的日子，对方不仅没有还，还找借口再借钱，说到时两笔一起还。在这种情况下，你应该怎么做呢？

催讨前债，跟对方翻脸。

象征性地借一点，如果对方还不了，也能承受。

要求对方打借条，按照约定的日期还钱。

考虑到对方有难处，先借给他再说。

这个测试一发布，就有几千人踊跃参加。经过调查后发现，有38%的人选择了最后一个选项，他们认为"虽然不是很想借，但也不好意思拒绝"；36%的人选择了第二个选项，他们认为是"宁愿自己吃哑巴亏，也不想驳朋友的面子"；20%的人选择了第三个选项；6%的人选择了第一个选项。

通过这个调查活动，我们知道：当朋友借某件东西时，人们通常不会拒绝。一是碍于人情的关系；二是不想给对方留下抠门的坏名声。一旦朋友或熟人向自己借某样东西时，一句"你还信不过我"就能让你慷慨解囊，事后又后悔不迭。

文静和王青在同一家公司上班，在工作上，两个人是配合无间的好同事、好搭档；在生活中，两个人是无话不谈的闺中密友。

情同姐妹的两个人，无论做什么事情，都会一起出现。有时，面对王青的一些要求，文静总是不好意思拒绝。

某个周末，王青打电话给文静，说自己的项目组快要主持召开一个盛大的产品发布会，自己需要一条比较正式的长裙，想要她陪着自己逛商场。

第六章
别死要面子活受罪，也别硬邦邦地说"不"

本来文静不想去的，因为她是个月光族，而且又到了月底……不过一想到好姐妹邀请自己，她也不好意思拒绝。

在逛遍了大小商场后，两个人不经意间走进了一家高档服装店，里面商品的价格让人目瞪口呆。很明显，这里的商品不是她们能够消费得起的。然而，橱窗里面一条红色丝质长裙吸引了王青的目光。

训练有素的导购小姐一眼就看出了她的需求，不停地说："小姐好眼光！这是店里销售最好的裙子了，店里只剩下一条了。现在不买的话，很快就被别人买走了。"

"女人一定要对自己好点，看到喜欢的东西就得收入囊中。你不穿漂亮点，怎么能吸引男朋友或老公的注意呢？"

"虽然它的价格不便宜，但是它物有所值啊！先看它的款式，大方高雅，永远不会过时；再看它的材质，这是国外设计师专门订制的。"

在导购言语的诱导下，王青决定把这条长裙买下来。

这时，文静悄悄地把王青拉到一边，低声说："青青，你可想清楚了，这样的裙子太贵了！顶上我们一个月的工资了。"

王青笑了一下，拍了拍文静的肩膀说："我身上的钱不够，你带钱了吗？"

"我带卡了。"

文静的话还没说完，王青就急忙走进了试衣间。不可否认，王青穿上那条裙子确实很漂亮。接下来，将要发生的事情可想而知。文静无奈地拿出自己的信用卡，狠心透支了这个月

人情练达
将心比心的善良，是最高级的修养

的信用额度，替自己的好姐妹买下了这条裙子。

一天，两个人在电梯里面相遇。文静终于鼓起勇气说出自己的心里话："青青，怎么也不见你穿那条红色的裙子了呢？"文静想从旁敲侧击开始问起。

王青眨了眨眼睛，若无其事地说："别提那件事了，裙子买回来我就穿了一次。我老公说不适合我的身材，我就扔在衣柜里了。"

文静一时语塞，不知道应该说什么好。可她还是鼓足了勇气："可是那条裙子是我透支信用卡帮你买的，这钱……"

"哎呀，你不说我都差点忘记了。"王青满不在乎地说，"你看，那条裙子我就穿了一次，要不我把裙子给你抵账吧！你不会在意的，对吧？"

听到王青这样说，文静的怒火一下子燃烧起来，但一想到两个人还在一起共事，没必要撕破脸皮，只得无奈地说句"好吧"。

莎士比亚曾说："不要轻易借钱给别人，也不要轻易向别人借钱；借钱给别人会让你人财两失，向别人借钱会让你挥霍无度。"可是在日常生活中，每个人都有被别人借钱的经历，而且至少 1/5 的钱借出去再也没有还回来。所谓"借钱容易要债难"，债务问题处理不好的话，不但让你心中不爽，还会伤了大家的和气。

对有些人来说，你的借款不但在关键时刻帮助了他，还能够增进彼此的友谊。但是对于有些人，你的借款就是一个错误

第六章 别死要面子活受罪，也别硬邦邦地说"不"

的开始。

欠债还钱，天经地义。可就有这样的一种人：向你借了钱，过后却从来不提还钱的事。此时，你应该怎么办呢？直接要？拉不下面子。暗示？如果对方还是装傻怎么办？

关于这类人，有人就调侃地将其分为两种：一种是真的忘记了；一种是揣着明白装糊涂。

如果是第一种，欠债人会通过你的暗示或看到某件事突然想起，然后觉得很愧疚，不仅还了你的钱，还请你吃了一顿。这时，你只要很大度地表示自己不急需用钱，更没有讨债的意思就行了。

要是遇到第二种人就有点麻烦了，暗示对于他们来说，丝毫没有一点儿用。即便是你直接说，他也不会接招，而是继续装傻。

因此，在借给亲朋好友钱时，我们一定要三思而后行。立借据是很有必要的一件事情，这不仅是对自己负责，也是对友谊和亲情负责。然而，依旧有很多"非常规"的借贷发生在你身边，此时，我们应该怎么样去处理呢？

首先，我们在借款之前，可以邀请一些朋友，以吃饭、聊天的方式，把钱借给对方。事后如果真的发生债务分歧或争议，这些当时在场的朋友也可以作为证人，以证明当初借款的事实。

其次，在借款协商过程中，你可以通过QQ、微信等方式，将涉及借款还款有关事项的内容保存下来，证明当时确实存在借款一事。

人情练达
将心比心的善良，是最高级的修养

3. 没有人要求你是百科全书

著名的心理学家邦雅曼·埃维特指出：那些动不动就喜欢说"我知道"的人，实际上在人际交往的过程中是不被喜欢的；而那些敢于说"我不知道"的人，显示的则是一种富有想象力和创造力的精神，给人以谦逊的风度。埃维特认为如果我们勇于承认自己某方面的不足和无知，那么我们的生活方式就会大大改善。

由于地域不同、文化背景各异，再加上个人能力的差异，偶尔说一说"我不明白""我不太清楚""我不是很理解您的意思""我不知道"之类的话，会使对方觉得你富有人情味、真诚可亲。相反，不懂装懂则会引起对方的反感。

在美国加州著名教授的演讲会上，有人提出问题等着看他出丑，但是他却坦然地对大家说："我不知道。"就是因为这句"我不知道"，台下响起了经久不息的掌声。

布朗先生受邀参加一个晚宴。在晚宴中，布朗先生与女主人和另外一个宾客闲谈的时候，女主人忽然指着桌子上的一个黑色金属用具问道："像这种特别的工具是用来做热吃干酪的，你们知道什么是热吃干酪吗？"

布朗先生刚想脱口而出说知道的时候，那位男宾忽然叫了

第六章
别死要面子活受罪，也别硬邦邦地说"不"

起来："噢！是吗？我完全不知道。什么是热吃干酪？你能告诉我吗？"

女主人露出了微笑。她自信满满地向客人做了详细的介绍，布朗先生这才知道"热吃干酪"不是自己想的那么回事，而是干酪火锅的一种吃法。这次宴会使布朗先生受益匪浅：不仅是知道了烹调界的新宠，更重要的是，这件事使布朗先生看到了自己身上自以为是的缺点，那就是他以为自己什么都知道。

我们不也是如此，假如我们学会抱着一种学习的心态与人交往，能学到东西的同时，更加表现出了一个人的谦逊的风度。

在与人交谈的时候，什么都可以谈。但是对于你所不知道的事情，要留心避免它或者干脆承认。谁都知道没有人是十全十美的，没有人要求你是百科全书，即使你已经是一个学富五车的人。冒充内行，是一种自欺欺人的虚荣心理，也会令别人心生反感，所以坦白承认你对于某些事情的无知、不知道，这并不是一种耻辱。相反，这会使别人认为跟你的谈话是十分愉快、值得参考的，因为这些语言成分里没有浮夸、没有虚伪。

《两小儿辩日》中那两个小孩子问孔圣人，太阳是中午离我们近还是傍晚离我们近时。作为著名的思想家、为人师表的孔子竟然一时哑口无言，因为他自己也不知道答案。两个小毛孩子竟将一代大师孔子难住了，但是孔子并没有掩饰假装自己知道，只是大方地承认了。也正是由于这份真实和敢于承认自己的局限，孔子才更加受到欢迎。

人情练达
将心比心的善良，是最高级的修养

诺贝尔物理学奖获得者华裔科学家丁肇中受邀在一个大学做报告。报告会上气氛很热闹，在最后的提问环节中，有一位男生站起来问道："您觉得人类在太空上能找到暗物质和反物质吗？"丁肇中想了想，坦言道："不知道。"另一位学生站起来又问道："那您觉得您从事的科学实验有什么客观的经济价值吗？"丁肇中依然认认真真地回答："不知道。"下面已是一片哗然，第三位同学也站起来问他："那么您可以为我们讲一下物理学未来二十年的发展方向吗？"丁肇中依然像回答前两个问题一样镇定坦然而又十分认真地回答说："我不知道。"

刚才还气氛热烈的报告厅内一下子静下来了。没过多久，报告厅的各个角落几乎在同一时间爆发出雷鸣般的掌声，这掌声持续了好长时间。

回过头认真地想一想，这三个学生提出的问题的确没有准确答案，即便是对物理学有着深刻研究的丁肇中博士也无法给予提问者一个精确的回答。在大家看来，他完全可以用一种不懂装懂的回答敷衍过去，在那样的场合是不会有人与他较真的。因为在那些敬仰他的大学生眼中，他说的话就相当于金科玉律。但是丁肇中选择了直截了当地说不知道，给人留下非常诚实的印象，并且敢于当众承认自己认知的局限，他的勇气也足以让人佩服。

维纳斯之所以被世人誉为美神，就在于她的残缺美。那折断的双臂不仅没让她黯然失色，反而使她熠熠生辉，成为万众瞩目的女神。因此，我们也一样，不要怕暴露你的缺点，不要羞于承认自身的局限，有时直面它会使人觉得你更加诚实可信。

世界本不完美，人生当有不足。没有遗憾的人生才不完美，没有缺点的人不能称之为人。对于每个人来讲，不完美是客观存在的，无须怨天尤人。再优秀的人也有缺点弱项，再蠢再笨的人也有自己的优点和吸引人的地方。对自己的局限性要勇于承认，才使你显得更加真实，也会更加烘托出你的长处。

4. 掌握说"不"的艺术

当我们拒绝对方的请求时，也不要生硬冷淡，而是温柔而坚定地拒绝。

经常进行销售活动的业务员几乎都熟知这样一个推销技巧：从一开始就"牵着"顾客走，让顾客永远回答"是"，在回答了几个肯定的问题之后，再推销产品，顾客就很容易接受了。然而，事情是双面性的，我们这样应对别人的时候，很可能对方也是这样对付我们的，此时我们必须提防对方的圈套，努力做一个绝不说"不"的人。也就是说，当遇到别人不合理的请求时，我们不可以委曲求全答应对方，可以先"以情动人"，凸显出自己的爱莫能助。

黄女士是民航售票处的售票员。随着乘坐飞机的旅客不断增加，黄女士时常要拒绝不少旅客的订票要求。面对心急如焚的旅

人情练达
将心比心的善良，是最高级的修养

客，黄女士总是安慰地说道："我知道你们非常需要坐飞机，作为售票员，我当然希望为你们效劳，使你们如愿以偿，但票的数量实在有限，我们也没有办法。欢迎你们下次再来乘坐我们的飞机。"黄女士的话朴实、真诚，旅客们听了也不再有什么意见。

黄女士力求避免正面表述出拒绝，而是采用间接委婉的方式，先肯定对方的想法和要求是合情合理的，然后再告诉对方，拒绝他们是出于"迫不得已"。这样一来，一方面对方的感情和积极性不会被挫伤，能够使对方更容易接受最终的结果，一方面也没有堵死自己的退路。

很多人不想拒绝别人总是出于"不忍心"。
"不好意思，能帮我个小忙吗？花费不了你多长时间的。"
"不好意思，真是给你添麻烦了，你还能再帮我一下吗？"
"不好意思，能帮我买个东西吗？回来之后再给你钱。"
…………

说到底，这些"不好意思"就是我们口中的厚脸皮，只不过给"厚脸皮"穿了身有礼貌的衣服。

在工作中，有事求你的同事嘴巴就像吃了蜜一样甜，"亲爱的，你就帮帮我吧！真是不好意思，本来我不想麻烦你的，可是……回头请你吃饭啊！"还没等你反应过来，面对已经甩来的文件，你想拒绝都没办法说出口。这忙是帮还是不帮？不帮吧，文件都已经搁在你面前了。帮了，那下次怎么拒绝？

由于刚入职，媛媛的工资并不高，且公司附近的快餐店饭

第六章
别死要面子活受罪，也别硬邦邦地说"不"

菜太贵了。于是，媛媛每天都会为自己带早饭或午饭。某天，她学了一道新菜，想着与同事们分享一下，就顺便给同事带了点。品尝过的同事们，都竖起大拇指赞美媛媛真是人长得漂亮，手艺又好，谁娶了她可是修来的福气。可她没想到，一次好心就给自己带来了麻烦。

一个平时要好的同事总是夸赞媛媛做的饭好吃，提出让她给自己带饭吃，还会主动说自己想吃什么。每次吃完，这位同事都会加一句："不好意思啊！又让你麻烦了。不过你做的饭真的很好吃！"媛媛微微一笑，嘴上没说什么，但心里已经不满意了。心想：你知道麻烦我，还这样麻烦我！真是讨厌。

但由于同事的甜言蜜语，媛媛真的是不好意思拒绝！就这样，媛媛断断续续为同事带了一个多月的早饭。虽然免费让同事吃，但同事还是有诸多要求，比如鸡蛋糕太甜，容易发胖；太油腻的包子对身体不好；不爱吃太辣的东西，容易长痘痘等。末了，同事再加一句："不好意思啊！我是不是又多嘴了。你别怪我啊，我这人心直口快，你知道的。不过，我真的好喜欢你做的饭，有家的味道。"

某天，倍感憋屈的媛媛回家之后，想了又想，决定不管同事说什么好听的话，她都要解决这个麻烦。第二天一大早，媛媛像往常一样去上班，只不过这次她吃完早餐才去的公司，也没有给同事带饭。迟迟赶来的同事，见没有早餐，也没说什么。到了中午，媛媛终于鼓起勇气要跟同事摊牌，可没想到同事又抢先了一步，拿给她200块钱，说："媛媛，最近我真是太麻烦你了，我实在懒得做饭，住的离公司也远。这200块钱

人情练达
将心比心的善良，是最高级的修养

给你，再给我带一阵子早饭吧！我知道你最好了，媛媛。"

听到这话，媛媛又看了看这200块钱，欲言又止。不过，她转念一想，还是说清楚比较好。

"真是不好意思，这200块钱还是还给你吧。以前的饭钱我也不要了，咱们的工资都是透明的，我赚多少，你也知道。再加上现在的饭菜可不便宜，我每天给你带饭，带了这么久了，几百块还是有的。不过，大家都是同事，总有需要帮忙的时候。最近，我也累了，工作一大堆事，我一个人吃饭也简单点，随便吃。以后麻烦你也解决自己的饭吧，好吗？"

媛媛说了很多，同事没有搭话，只是尴尬地笑了笑就走了，也没拿那200块钱。媛媛就把钱装进自己的口袋，继续工作了。

虽然她们的关系没有原来那么好了，但媛媛敢于拒绝别人的"不好意思"了，感觉一身轻快。

在生活中，我们也会遇到像媛媛这样的情况。原本一个简单的"不"，却因为别人先说"不好意思"而无法开口，导致自己头上像顶着千斤担一样，压力重重。实际上，在金钱的花费方面，我们要根据自己的实际情况来决定开支大小。不仅仅在金钱方面，在做很多其他事情时，我们也要量力而行，不要硬着头皮去做一些自己不愿意做的事情。

"别人都说'不好意思'了，我再拒绝，肯定会影响人际关系的。万一有一天我有事求别人了，该怎么办？""大家每天抬头不见低头见的，没有必要把关系弄得那么僵，可是自己真的不想再这样下去了。"……人就是这样矛盾的生物，一边

第六章
别死要面子活受罪，也别硬邦邦地说"不"

想着维系人际关系，一边为自己的无法拒绝纠结着。

其实，即便我们想要拒绝别人，也可以礼貌地拒绝。

我们首先要坚定自己的立场，否则，只会被别人的"甜言蜜语"所击垮，功亏一篑。要想在拒绝时既消除自己的尴尬，又不让对方无台阶可下，这就需要掌握一些巧妙的拒绝方法：

① **避免争辩**

日本有一个商人叫本田宗一郎。这天，他接待了一个叫金六郎的青年。金六郎一进门，就表示想卖一块土地给他。

本田宗一郎很认真地听着金六郎的讲话，但一直没有发言表态。

等到金六郎说完后，本田宗一郎在桌子上拿起一些类似纤维的东西给金六郎看，问金六郎是否知道这是什么。

金六郎回答说："不知道。"

接着，本田宗一郎详细介绍道："这是一种新发现的材料，我想用它来做汽车的外壳。"

接下来，本田宗一郎一直在介绍，包括这种新型汽车制造材料的来历、好处，以及他设定的明年如何实行这项新的计划打算，等等。金六郎摸不着头脑地听了15分钟，心中已经有些不耐烦了。后来，本田宗一郎送走金六郎时，才顺便告诉他不想买他的那块地。

本田宗一郎给金六郎讲新材料的事情可谓别有用心，如果本田宗一郎一开始就告诉金六郎自己不想买那块地，金六郎一

人情练达
将心比心的善良，是最高级的修养

定会继续纠缠，并想方设法劝说本田宗一郎，直到他同意为止。本田宗一郎喋喋不休地讲新材料正是为了回避与金六郎的争辩。

② 避免具体话题

拒绝对方的提议时，最好采用避免话题具体内容的抽象说法。

日本成功学大师多湖辉曾经讲述了这样一个故事：20世纪60年代末，学生运动风起云涌。有一次，一所大学的一间教室里正在上课时，忽然闯进来一群学生运动积极分子，上课的教授顿时没了主意。面对众多学生，教授想表现出宽容和善解人意的风度，所以就给予了这些学生表达自己想法的机会。

教授的想法虽然是好的，换来的却是学生们波涛汹涌的问题，课堂顿时一团糟，课程根本无法进行下去，更不要说有机会说服这些学生了。此后的一年多中，只要这位教授一上课，就有激进派的学生来到课堂上。

这次的事件让教授明白，如果不想接受对方，最好别想说服他，应该在对方一开口的时候就立刻阻止："你们这是妨碍教学，赶快从教室里出去，不得进行与课堂无关的事。"

或许就算教授显示了拒绝的态度，学生也不会退让，但如果一点也不听学生的质问，一开始就断了念头，也不会造成之后的结果。

③ 拖延处理

　　拖延是最厉害的拒绝。一般人都不太好意思拒绝别人，但在很多情况下，我们为了避免多余的困扰，对一些不合理或不合自己心意的事有必要拒绝，但怎样既不伤害对方的自尊心又能达到拒绝的目的呢？当对方提出请求后，不必当场拒绝，你可以说："让我再考虑一下，明天答复你。"这样，既使你赢得了考虑如何答复的时间，也会使对方认为你是很认真地对待这个请求的。拖延时间法是一个拒绝的好方法，既不会为难自己，也不会在实质上伤害别人。这样的拒绝方法，何不试试呢？

5. 量力而行，别被人情套牢

　　在拒绝他人的时候，有些人总是畏畏缩缩，态度不够坚决，明明自己无法办到的事情，却不明确告知对方。这样的拒绝方式，会让别人觉得还有回旋的余地，进而与你继续纠缠。
　　恰当的拒绝一定要理由充分，态度坚决，不给对方留下任何余地，在顾及对方感受的前提下，理直气壮地把拒绝说出口。
　　在理由充分的前提下拒绝别人，让对方感受到被照顾的心情才是最佳最完美的方式。一味地取悦和过于坚决地拒绝都会让对方不舒服，只有用最折中的方式，才能做到既不委屈自己

人情练达
将心比心的善良，是最高级的修养

也不伤害别人。

李刚毕业后就做起了生意，虽然有一定收入，但也有一些外债。李刚在大学里有个叫王静的好友，但两人毕业后一直没有联系。一次，王静突然向李刚借钱，这让李刚十分为难，自己的手头也不算富裕，借了实在有风险；不借又有损老交情，又不好拒绝。最后，李刚便对王静说："你能在困难时想到我，真是信任我啊，但不巧的是我刚刚买了房子，也没有多少活钱了，你要是不着急的话，等我过几天账结回来，一定借给你。"

对于这种对方着急有事相求，但是我们确实在短时间内没有办法提供帮助的时候，以上的回答方式是比较妥当的。需要注意的是，拒绝的时候一定要考虑到对方的实际情况和他当时的心情，言辞要坦诚合乎情理，以免对方误会。

要知道，人与人之间的关系是对等的，如果因为对方是领导就不敢吭声，任由对方强加各种罪名于自己，把各种怨气撒在自己身上，那么，最终只能亏待自己。

露诗因为家中有事必须请一段时间的假。然而不巧的是，这段时间她正在准备和某位重要客户签约的事情，此时对手公司也在使用各种伎俩来争取这位大客户，可谓正是工作的关键时刻。然而家中的事情实在不能耽搁，自己此时又无法分身，她觉得很无奈。露诗突然想到了同事莉莎，平时就跟她关系不错，对方能力也挺强，这件事她一定拿得下来。于是便决定开

第六章
别死要面子活受罪，也别硬邦邦地说"不"

口去请求她帮着维护一下这位客户，并跟他签约。

莉莎心里很想帮她，但是最近自己的哥哥出了车祸，她要一边照顾哥哥，一边处理工作上的事情，每天单位、医院两头跑，实在是分身乏术。而现在，自己的好友还要给自己安排这么重要的事情，莉莎一下子不知道如何是好。思索再三，莉莎决定拒绝露诗，她坦诚地跟露诗讲："亲爱的，我家里最近出了很大的事情，我的哥哥出了车祸，家里没有其他人可以去照顾他，只有我了。我知道你的事情也很重要，但我实在是爱莫能助，要不跟领导提一下吧，可能他会有更好的安排。"

听了莉莎的话，露诗很理解她，也很同情她哥哥的状况，于是同意了她的建议，将这个客户交给自己的领导让其自行处理。这样做，好友不用为难，自己也不会耽误工作，两全其美。

莉莎的拒绝很明智，考虑到好友此时的情绪和感受，在理由充分的前提下选择比较合适的话语来委婉拒绝其请求。莉莎其实很清楚，人与人之间是对等的，谁也不亏欠谁，如果今天因为愧疚或是情面答应了露诗的请求，那么明天自己就会在繁重的工作和照顾病人的压力下度过。

很多无法说出口的拒绝都是因为一时找不到充分的理由。没有一个好的理由，你的拒绝就没有底气、没有力量，当然不能被别人理解和体谅。

拒绝，同样是一门学问，应该体现出个人品德和修养，使别人在你的拒绝中，一样能感觉到你是真诚的、善意的、可信的。我们应该遵循以下原则：

首先要说出真实情况。

如果还想和对方保持良好的关系,就要先表达对对方的同理心,还要换位思考。其实,拒绝很正常,别人也多少会有这个思想准备。只要处理得当,因为拒绝而伤害关系的并不多;倒是拒绝的时候吞吞吐吐、模棱两可,反而让人反感,而更容易影响关系。

其次要选择好拒绝的时间、地点和机会。

在婉言拒绝的时候,一定要让对方觉察到你的态度,以免耽误对方的时间,从而造成伤害,当面的时机很好,态度也要明确。

再次要给对方留个退路。

有些人的自尊心很强,直接拒绝的方式无疑会使他们下不了台。所以,要先把对方的话听完,再细细地思考如何说服对方,转移话题或者拒不回应,给对方留足够的面子。

还可以用友情来说服对方。

比如,先向对方表示同情,然后再讲述自己的难处,加以拒绝。可直接向对方说明你的客观理由,包括自己的状况不允许、社会条件限制等,通常这些状况是对方也能认同的,因此比较能理解你的苦衷,自然会自动放弃说服你,并觉得你拒绝得不无道理。由于先前对方在心理上已因为你的同情使两人的距离拉近,所以对于你的拒绝也较能以"感同身受"的态度来接受。

最后是身体语言拒绝。

有时开口拒绝对方也不是件容易的事,总是无法启齿。这个时候,你可以轻轻地摇摇头,或者唉声叹气,类似的身体语言还包括，采取身体倾斜的姿势、目光游移不定、频频看表、心不在焉……

6. 请婉言谢绝老板的"邀请"

迎合老板的爱好已经成为员工们心照不宣的共识。然而，过分迎合老板的喜好和选择，也会为自己带来无尽的烦恼，甚至于影响自己的生活。因此，我们要灵活应对老板的要求，而非一味满足。

近几年，一则诙谐、幽默而又不失自嘲的打油诗在职场人士中流传开来："领导的要求就是我们的追求，领导的想法就是我们的做法，领导的鼓励就是我们的动力，领导的嗜好就是我们的爱好。"然而，当下班时，老板向你提出工作之外的要求，你会怎么办？接受还是拒绝呢？

周末聚会时，周涛一见到朋友们，就自嘲地说自己是"忍者神龟"。这个绰号的由来，还得从他的工作说起。

周涛毕业于首都某知名大学，专业优秀。然而，当他由"海投"变成"面霸"再到"拒无霸"之后，他才真正体会到想要找到一份称心如意的工作究竟有多难，真正体会到工作背后的无奈。

经过重重的面试关，周涛成功进入一家私企。由于从小自

人情练达
将心比心的善良，是最高级的修养

己就任劳任怨，在工作中也充分发挥出自己的优点。因此，老板很快就注意到了他。这家私企的老板是20世纪50年代生人，对计算机和网络等科技方面虽着迷却无从下手，再加上周涛处于试用期，工作任务不是特别重，老板就经常让周涛帮忙打印一些文件。

起初，周涛认为这是理所应当的事情，很爽快地就答应了下来。随着时间的推进，周涛逐渐发现自己已经成了老板身边的免费电脑操作员了。每天在下班还有5分钟时，老板就会抱过来一大堆文件要周涛帮忙打印。有时，已经是晚上十点钟了，老板还会因为自己有些急事而打电话给周涛，叫他来公司加班。

面对这些事情，周涛想能忍则忍，毕竟这份工作得来不易。然而，这一切只是开始。到了后来，周涛要负责的琐事就更多了。周末，正在与女友约会时，老板都会打来电话，要他帮忙送些东西。要知道，这些杂事不属于自己的工作范围，且这是周末，是属于自己的私人时间。在电话里，周涛有几次都想要发火，可残酷的现实让他只能一忍再忍。因此，他一见到朋友们时，总开玩笑说自己再这样下去真的会变成"忍者神龟"。

或许是看周涛人老实，更多的老员工也开始"依赖"他。在开会的时候，总有几个老员工让周涛帮他们做会议记录，自己却在一边看报纸、喝茶水。

终于，忍无可忍的周涛选择了辞职，并且发誓，自己再也不做"杨白劳"了。

第六章 别死要面子活受罪，也别硬邦邦地说"不"

如果你也碰到了如同周涛一样的境况，应该怎么办呢？我们首先要明确自己的态度。不管你选择答应或者不答应老板的请求，都一定要先明确自己的态度和立场。

比如，当老板让你无条件加班做一些工作以外的事情时，你完全不必勉强自己，直接拒绝老板提出的要求。你可以说："不好意思，老板，我的工作已经完成了，而且今天是周末，我已经跟家人约好了"或是"很抱歉，虽然我很想帮助你，但是我分身无术"。不管找什么借口，都要明确告诉老板：员工不是全年无休的机器，员工也有自己的私人生活。

如果你只是一味地迎合，老板提出的任何要求，你都是一一执行，哪怕付出自己的多倍努力，甚至是为难自己，那结果可想而知：老板可能会认为你很乐意做这些事情，以至于不会考虑到你的时间安排。

在工作中，要想有个良好的人际关系，我们一定要摆清楚自己的位置，明白什么该做，什么不该做。你不是超人，更不是上帝，该拒绝的时候还是要拒绝的。

总之，在工作中尽力去做好自己的分内事，你收获的将不仅仅只是工作能力上的提升。同时，在拒绝老板的时候，我们一定要明确自己的态度和立场，勇敢地向对方说明自己的实际情况，比如，自己为什么不能去、什么时候有时间等。这样一来的话，不但可以婉言谢绝老板的"邀请"，还会因实话实说而赢得他人的信任。

人情练达
将心比心的善良，是最高级的修养

7. 一定要把握好"高帽"的大小

世界上没有免费的午餐，如果说狐狸给乌鸦戴"高帽"是为了乌鸦嘴里的肥肉，那有人给你戴"高帽"是为了什么呢？也许是为了你能帮助他，也许是为了达到某种目的……不管对方是为了什么，你都不要像乌鸦一样昏了头，听从了对方的花言巧语而办傻事。

有不少人总是喜欢奉承别人，有的人喜欢别人奉承自己。即使知道对方是在给自己戴"高帽"，也乐意至极。而有些人，却不喜欢戴"高帽"，因为在他看来，"高帽"的背后是无穷无尽的麻烦。

偶尔真诚地赞美一下对方，能让对方找到自信。如果总是奉承，则会讨人嫌，甚至有人还会和你翻脸。因此，一定要把握好"高帽"的大小。

王总40多岁，在下属们眼里是一个古板、刻薄的女上司，唯独在苏云眼里，她不过是一个普通的成熟女人。

不久前，王总在郊区买了一所小别墅，苏云连连称赞："王总真厉害，现在竞争这么激烈，我们都不敢贷款，您却有魄力买房子。什么时候装修说一声，我有朋友做设计师，也许能帮您点忙呢。"

第六章
别死要面子活受罪，也别硬邦邦地说"不"

几句简单的话，让王总心花怒放，几位同事却表现得很不屑。第二天，苏云抱着几本印刷精致的杂志敲响了王总办公室的门："王总，我给您找来几本装修装饰的书，您参考参考。"王总一边嘴上说着谢谢，一边对这个有眼色的下属表示认同。

周末，部门员工一起吃饭，王总指着一个路人的披肩说："看，多漂亮，不知在哪儿买的。"随口一说，苏云就记在心里了。周一上班，苏云就把一条同样款式的披肩送到了王总办公室："王总，前不久去参加供应商会议，人家给了500块钱礼券，快要过期了，就去购物中心逛逛，没想到就看到这条披肩，觉得很适合您，您看喜不喜欢？"

王总站起身说："看你，给自己买点东西就成了，还想着我！"

苏云边帮她试披肩边说："您喜欢就好。再说没您的提拔和照应，我哪有机会参加这么重要的会议呢？"

看着镜子里自己的华贵气质，王总乐得合不拢嘴，拿出一张请柬说："下周三在中国大饭店有个酒会，年轻人爱凑热闹，你替我去吧。"

苏云顺手接过请柬，故作埋怨地说："看您说的，好像您真老了似的，您啊，身上散发的都是成熟女性的魅力，这可是我们比不了的。"

就这样，苏云通过几件很小的事俘获了王总的心，并为自己在职场中铺了一条光明大道。

同事珊珊有些嫉妒苏云的顺利，也想获得王总的赏识，便也学起苏云来。

人情练达
将心比心的善良，是最高级的修养

某天午休，大家在谈论美容保养时，珊珊看到王总朝这边走来，装作没看到赶紧说道："要我说啊，王总保养得最好了！年纪比我们大不了几岁吧，保养得跟我们差不多。"

王总听到喜笑颜开。

从这以后，每逢逮到机会，珊珊就拼命地夸王总，甚至夸得过分。王总打印文件，她就说王总亲力亲为，没有领导架子；王总去食堂吃饭，她就说王总亲近人，和员工打成一片；就连王总穿了件新衣服，换了支口红，都是一顿夸。

可几个月过去了，王总依旧重用苏云，没有留意过自己，这让珊珊很是郁闷，不明白为什么。

每个人都喜欢听人家说好话，喜欢戴"高帽"，几乎没有一个人可以除外。只是，每个人需要的"高帽"大小不同而已。像苏云这种言行并举、恰到火候、切合实际的"高帽"才能让上司喜笑颜开。对这么懂事、又会说话、办事又强的下属，上司当然会另眼相看、会重用了。而像珊珊这样，逮着机会就夸赞，频率太高，且浮夸。偶尔听一次还行，听得多了只会招人厌烦。

因此，在给人戴"高帽"时，一定要注意：

首先，适度赞美，不能言过其实。如果对方在赞美你时，不把握一个"度"，而是过度地恭维、奉承，甚至把你的缺点都说成优点，那这就是所谓的"拍马屁"了。

虽说"良药苦口利于病，忠言逆耳利于行"，但每个人都喜欢听一些夸赞的话，以寻找到更多自信。然而，当一个人过分夸张，不顾实际情况肆意地对你进行夸赞时，那你就要注意了。

其次，有理有据，不能凭空捏造。赞美别人时可以适度地放大他的优点，但要依据事实，不能凭空捏造、无中生有。否则，即使你是真心诚意地赞美，别人也会认为你是虚情假意。

此外，当他人给我们戴"高帽"时，还要懂得拒绝"高帽"。"高帽"戴多了，只会陷入对自己认识不清的"陷阱"，容易飘飘然，做些不理智的事，甚至违背自己原本的意愿。

在面对过分夸赞时，不管对方出于什么目的，你可以先表达自己的谢意，毕竟他对你提出了表扬。俗话说得好："伸手不打笑脸人。"别人赞扬了你，给你戴了"高帽"，你却直接拒绝，那就是你的失礼了。

此时，你可以说："谢谢你的赞美，虽然我知道自己并没有你说得那么好，但还是真心地谢谢你。"这样一来，你就会掌握舆论的主动权，委婉地告诉对方应该从实际情况出发，不能过分夸张。

要知道，别人不会无缘无故夸赞你，说不定是因为他需要你的"帮忙"。当洞悉对方的心思后，你可以说："我并没有你说得那么好，我不是万能的，不是什么事情都能答应、都能做到。"这样说也是在暗示对方"你想要请求我的事情，我不能答应"，让对方知难而退。

第七章

慢品人间烟火色，
闲观万事岁月长

人情练达
将心比心的善良，是最高级的修养

1. 一生，总在得失之间

在我们许多人的眼睛里，吃亏是不智的行为，其实在生活中的很多时候，我们的判断都是错误的，一些"亏"只不过是事情的表象而已。暂时的付出或者是损失，是为了将来更多的收获。

徐峥从学校毕业后，被分配到了一家国营单位。初到公司，由于她是个新人，因此总是被有意无意地孤立起来，但是徐峥并不为此感到困扰。

单位里有几个妈妈级的职员，经常带孩子到公司来。小孩子爱玩，总是喜欢找旁边的哥哥姐姐，叔叔阿姨。其他同事怕小孩子耽误到自己的工作，因此总是让她们去找徐峥玩。徐峥一方面处理自己的工作，另一方面对孩子也极其有耐心，空闲时还会给他们讲故事。不仅孩子们喜欢她，连孩子们的妈妈也十分喜欢她，因此在工作上经常给予她帮助，公司里有任何活动也爱带着她参与，这为徐峥积累到不少业务经验。

当别人都在休假时，将繁重的工作丢给她，她也没有任何抱怨，总是积极认真地完成所有的工作任务，业务水平也是直线上升。不仅如此，她对单位里的每一个人都能真诚以待。这些都被领导看在眼里，不久后就让徐峥升了职。

第七章
慢品人间烟火色，闲观万事岁月长

看似处处吃亏的徐峥，却成了同龄人中升职最快的人生赢家。

并不是说我们每个人都要学习徐峥去处处讨好别人，但是，我们要知道，如果我们真诚对待别人，就一定能够换来真诚。我们都不喜欢斤斤计较的人，更不喜欢那些唯利是图的人。也许，他们会占些便宜，但是，大家都不是傻子，天长日久，总会识破他们，从而远离他们。因此，我们自己首先不能够成为那样的人。

战国时期，齐国宰相孟尝君让员工冯谖到自己的老家薛邑讨债，并将要回来的钱买成自己缺少的东西。

冯谖跑到薛邑一看，大家生活得很困难，不但如此，还对上级领导派来的出差人员不满。见此，冯谖就召集大家开会，告诉大家，孟尝君并不是派自己来要债的，而是想要告知大家，孟尝君一直惦记着大家，希望大家能够过好日子，鉴于此，之前的债务就算是孟尝君赠予大家的。说完这些话，冯谖把借条掏出来给烧了。

这样一来，薛邑的老百姓们就集体感激孟尝君的仁义，众口相传。

而没要回来钱的冯谖，一见到孟尝君就被斥责工作不够得力。冯谖却说："你不是说要回来的钱要买您缺少的东西吗？我帮您买了您没有的'仁义'，那些钱对您来说，并没有什么用处，但对那些老百姓来说，却是他们的命。我虽然没有为您带来金钱,可是我却为您带来了人心啊!"孟尝君也觉得冯谖说得很有道理,不再斥责他。

没想到的是,很多年以后,孟尝君被人诬陷,丢了职位,只好跑回老家薛邑避难。没想到的是,薛邑的百姓听说他回来了,全都出门迎接,让孟尝君感动不已。这时,他才明白冯谖的苦心。

很多时候,得与失并不能马上让人看到结果。人生的每一步,都与我们以后的人生息息相关,不能只看眼前一时的利益,要将眼光放长远。也许,这一刻,我们是吃亏的,但放在历史的长河中,我们才知道,塞翁失马,焉知非福。

2. 学会辩证地看待吃亏

传统的中国思想一直奉行的是"吃亏是福"。人生中有很多事情都有着无奈的结局,幸而有先人这句成语聊以自慰,这不得不让我们佩服前人造字造词的经典深奥。人们一般在别人或自己失败后这样说,能起到安慰的作用,但有些时候,美化挫折却是对自己的某种开脱与逃避,明明吃的是"堑",并且不停地吃,却忘记了长智,如果不能认真吸取教训,再多的"堑",恐怕也是白吃。

一个人看不清自己,为了不切实际的想法去破釜沉舟,也

第七章
慢品人间烟火色，闲观万事岁月长

许这种精神让人感动、让人赞叹，但同时也让人觉得你是"不长记性"，这样的吃"堑"就好像竹篮子打水——一场空。

对待事要"吃一堑，长一智"，对待人也应该是一样的。

如果你曾经对一个人说过对方不爱听的话或是做过不地道的事情，那么，日后你再次面对这个人的时候，不要说让对方觉得不舒服的话，不再做让人家反感的事，这也是一种"吃一堑，长一智"！记住别人的喜与恶，绝对会对自己有好处，可以让自己免遭冷落。每当我们吃"堑"的时候，是一定要长记性的！

可是，我们也不能随便就吃"亏"，特别是，有时候，我们为了不那么的斤斤计较，悄悄吃亏，那只能白白吃亏。

我们可以主动吃亏，但对方必须要知道。我们既然已经吃亏，那么对方应该知晓我们的让步，要记住这次我们的退让，下次，是需要还回来的。

人行于世，不能锋芒毕露，但也不能软弱无力地任人宰割。就像曾国藩说的那样："做人的道理，刚柔并用，不可偏废。太柔就会萎靡，太刚就会折断。"

李杰是某公司的经理，有一次他出差回来，从首都机场打车回到海淀知春路的住所，车费150元，而在李杰的印象中以往的车费都是100元左右。这让他心生疑惑，但还是不动声色拿了发票下车。回到房间，他就拨打了发票上的士公司的投诉电话。

"说实话，我并没有抱太大的希望，一来我记不清当晚的路线，绕路与否仅凭发票和司机的证词似乎不好判断；二来那是家我从没听说过的出租车公司，司机没有说任何问候语甚至连再见都没说，我想这也许就是小公司的做派吧。"李杰这样表述他当时的心理。

并且，他已经做好心理准备，最多也不过听对方理直气壮的搪塞。电话很快拨通了，的士公司的一个工作人员记下了李杰的申诉和相关信息，表示7个工作日内给他一个满意的答复。

几天后，李杰接到一个电话，就是那家出租车公司打来的。一个中年男子用普通话跟他说，已经找司机核实了情况，他确实绕路了多收了他50块钱，他们会把多收的钱退还给李杰，同时将对司机进行十倍的罚款。工作人员记下了李杰的地址，末了又向他表达了歉意。

在日常生活中，我们经常可以看到很多人，他们虽然明知道自己的权益被不法侵害，但只要无大碍，则能忍则忍，不愿为此劳神费力。可是，我们的息事宁人却常常使自己的利益无端损失了。

事实上，有些利益是属于自己的，我们就要主动去争取。凡事要养成一种主动争取自己利益的习惯。如果我们过于被动，就会导致我们受人压制，而面临这样的局面时，我们需要做的是——主动。我们凡事主动在前面，才能不至于太过被动。

我们要知道，生活中，只有我们才是自己命运的主宰。许多事不是我们默默等待，就会有好结果；有些利益必须自己去

第七章
慢品人间烟火色，闲观万事岁月长

争取，只有这样才能使人们在关键时刻力挽狂澜、回天有力，也能使人们在日常生活、工作和人际交往中游刃有余，不吃哑巴亏。

高念是一家装饰公司的销售代表，一次接到某客户的单子。这个客户的职业是某大型楼盘的置业顾问。高念公司的装修报价已经很合理，但客户仍然嫌高。高念便在没有对客户明说的情况下，牺牲自己的提成，以满足客户降低价格的要求。

他以为客户这次节省了很多钱，便会感谢他，也会帮他多介绍一些客户，从别的订单上面赚钱。只是，他并没有对客户言明，他以为客户明白自己的暗示。可是，客户压根就不知道高念的牺牲，也并不领高念的情，反而觉得，这家公司的报价有猫腻，竟然能砍下这么多价来。这使得客户开始怀疑他们的工程质量，于是在暗地里开始联系另外的装修公司。而当高念打电话让其帮忙推荐客户的时候，那位客户却一再推脱。就连这一次的订单，也没能成交。

虽然有"吃亏是福"一说，但哪些亏该吃，哪些不该吃，应该怎样吃，我们都要在心里有个底。在为人处世中，有的人知道，有时吃亏的确会给自己带来好处，但是却总不知道如何把握吃亏的尺度。另外，还有些人白白吃亏，别人不知道或者也不领情。

古人说"吃亏是福"，只要你讲究方法，它还是很有道理的。但是，有一点，我们要切记，要明明白白吃亏才是福。

人情练达
将心比心的善良，是最高级的修养

3. 贪小利者无大谋

现实生活中，可以说每个人都喜欢占便宜，但是有些人知道，有些便宜能占，有些便宜不能占。当你占了不该占的便宜时，往往是因小失大，得不偿失。如果你是贪图朋友的便宜，很可能会因此失去友谊，被人孤立；如果你是贪图公司的便宜，多数情况是得不到重用，并且也常常被同事们看不起；如果你是贪图商家的便宜，很可能买到假货，上当受骗……

张女士去五金店买节能灯，货架上放着两种。老板表示，一种20元，一种10元。张女士拿起来比较，发现两者除外包装上的厂家不同之外，其他内容几乎相同。张女士想一样的产品，肯定买便宜的了。于是，她选购了10元的那一款。结果节能灯仅用了三个月就坏了，这比其宣传的一年寿命，整整缩短了九个月。

第二次，她选购了20元的，老板说，这个虽然贵点，但绝对保证能用的时间更长。果然，这盏灯用了一年也没坏。看起来贵，比起便宜的那个，实际上实惠得多。

在我们的生活中，为占一点小便宜最后吃亏上当的大有人在。比如，听到百货公司打折扣、大减价，赶快去买一大堆东西，东西虽然便宜，却并不实用，不但浪费，连放东西的地方

第七章 慢品人间烟火色，闲观万事岁月长

都难找；到自助餐馆用餐，不管什么菜色，总要狼吞虎咽，大吃一顿，贪了小便宜，结果把肠胃给吃坏了；有病不去大医院，为了省钱去小诊所，结果钱没省下来，病反而越来越加重了；明知道没有天上掉馅饼的好事，但是看到那些不费吹灰之力就能赚钱的美事，那种侥幸心理便战胜了理智……

田磊和水生背着400块假银圆和8块真银圆来到汝南县，企图行骗。田磊以打工名义找到某工地工头刘老板，刘老板说没有活。田磊便说让刘老板帮个忙，他朋友在干活时从地下挖出一罐银圆，估计有三四百块。随后，田磊领刘老板找到水生，并拿了两块银圆到古玩店里去鉴别真假。一鉴定，果然是真的，每块能值六十多元。

田磊就劝刘老板买下这四百块银圆，然后转手卖到古玩店，能赚一大笔钱。刘老板一合算，信以为真。双方约定次日在县城西的玉米地里交货。次日下午，在田磊游说下，刘老板如约前来。水生从玉米地据出一袋银圆交给刘老板，刘老板当即付给水生九千元。

这个骗局其实很简单，如果有那么便宜的事，田磊为什么不自己据着银圆到古玩店里卖掉赚钱呢？刘某之所以上当就是由于贪图小便宜，而丧失了最基本的鉴别能力，结果贪小便宜，却吃了大亏。生活中类似的例子还真不少。

有天，有个妹子到一家衣服店里试穿了一件标价50元的

人情练达
将心比心的善良，是最高级的修养

衣服，可是掏钱的时候，不小心将一张100元带了出来，掉在地上，但是妹子并没有发觉。老板娘看到后也没有说什么。妹子掏出钱一看，只有20多块钱，着急地说，自己早起明明带了张100元，怎么丢了，一定是丢到上一家试衣服的地方，说着就往外跑着要去找钱。

虽然老板娘注意到妹子是穿着自家衣服跑出去的，但是又怕喊住妹子，被妹子发现丢在地上的钱。想着衣服不过50元而已，就没有开口。可是，等妹子跑出去以后，她捡起地上的钱，却发现，那张100元竟然是假钞，妹子却一去不回了。老板娘白白损失了一件衣服。

是的，如今骗子真的太坏了，花招也是防不胜防，但我们吃亏的主要原因，不过是因为我们贪婪的本性，往往占小便宜吃大亏。虽然我们都明白这种道理，却总是抗拒不了诱惑，每每上当受骗。

大多数人都以为这些小便宜微不足道，无关紧要，随心所欲地做了，也没什么大不了的。然而，就是这些因为占小便宜的"习惯"，养成了我们的毛病，在今后生活中，导致我们摔个大跟头。

4. 利不可独，谋不可众

自古以来，生意人都是"无利不起早"。但想把生意做好，想让别人愿意与你合作，就必须照顾别人的利益。有钱大家赚，利益共享，才能赢得更多合作的机会。相反，如果你一味地考虑自己的利益，从而牺牲对方的权益，只能是一锤子买卖，自己将生意做断做绝。

周建人和卫平是做生意的。周建人眼光好，卫平消息灵通，于是两人合作起来也非常得心应手，在一起已经合作了一年多，从没做过赔钱买卖。

然而，有一次，卫平经朋友介绍，看好了一批积压的电子产品，这种东西他们以前做过，也赚了不少钱。这时，卫平忽然在心里打起了小算盘，这种稳赚不赔的买卖，如果和周建人一起合作，大家只能一人赚一半，而自己也能拿下这批货，为什么不自己做呢？

于是，他没跟周建人透漏半点消息，一个人独自拿下了这桩生意，事后，也赚了不少钱。然而，不久后，周建人不知道从哪里得到了卫平"吃独食"的消息，对卫平的这种行为感到很失望。和这种有失信誉的人继续合作下去，恐怕自己还会吃亏，所以他就逐渐疏远了卫平。而卫平由于自己的经验不

人情练达
将心比心的善良，是最高级的修养

足，一个人做这种风险极大的生意，总是赚得少赔得多，以至于后来只好放弃。

著名商人李嘉诚曾经说过："如果一单生意只有自己赚，而对方一点不赚，这样的生意绝对不能干。"他在生意场上一直信守利益均沾的原则，每一次与人合作都会让对方也获得巨大的利润。只要你懂得分享利益，每一次与你合作的人都能获得利益，自然他们还会希望继续与你合作，那么你就会有做不完的生意。

李嘉诚不仅对合作伙伴如此，对下属更是这样，当事业有发展的时候，他懂得让下属分享利益。也许有人会疑惑，在商言商，皆为利来，你把钱给别人了，自己不就少了吗？其实不然，这里存在着一条商场"悖论"，也就是你把利益分享给别人，你的利润不会减少，只会增加。看似悖论，其实道理很简单，对方获得了利益，合伙人有了好机会自然先想到你，而职工也会更加卖力地为你工作，赚的钱自然就越来越多。

做生意要有一种长远的眼光，不仅要分析事情会有什么样的发展趋势，还要研究应该采取什么样的方法去应对。当你做到这一点的时候，实际上就已经为自己的生存和发展留下了余地，因为你已经懂得了分利益给别人。

1987年11月27日，一块政府公地拍卖，因为地理位置良好，拥有极高的开发价值，房地产界的多数大亨都参加了这块地皮的拍卖，当天李嘉诚也出现在拍卖场上。

第七章
慢品人间烟火色,闲观万事岁月长

从一开始,拍卖的场面就异常火爆,火药味也特别浓。李嘉诚和一位竞标者连叫两口,底价连跳两次。后来李嘉诚发现商场上有名的"飞仔"胡应湘也加入了竞拍。

李嘉诚知道胡应湘的实力不菲,并且他们曾经也合作过。当会场上的竞拍价格连抬十一档时,李嘉诚派得力助手周年茂与胡应湘商谈合作,并且达成了协议。胡应湘停止了竞拍。最后,李嘉诚以自己当时预计的最高价位拍下了这块地。

在拍卖会后,李嘉诚宣布:"这块地是我和胡应湘先生联合所得,将用以发展大型国际商业展览馆。"

虽然李嘉诚出价很高,而且他决定和胡应湘共享利益,但是李嘉诚在这次投资中还是能够获得丰厚的利润。

李嘉诚之所以用利益共享的条件来请胡应湘停止竞价,是因为在竞投的时候做了长远的打算。如果胡应湘一直和他叫板,最后的价格肯定会超过他的底线。而分出一点好处给胡应湘,这不但能帮助李嘉诚在控制的价格之内,将发展空间巨大的公地揽入怀中,而且在与胡应湘分享利益的同时又在拍卖场上化敌为友,为自己将来的发展多留下了一条后路。

因此,有时候表面上看起来并不占优势的事情,对自己将来的发展却有着极大的帮助。懂得分一些利益给别人,确实是一个生意人必须重视的问题。

人情练达
将心比心的善良，是最高级的修养

5. 要埋头苦干，也要抬头看天

在现在社会中，有很多年轻人学历优秀、能力出众，但他们天真地认为，我不擅长交际，也没必要与人沟通，我做好自己的工作就行了，说那么多话干什么，甚至将沟通与溜须拍马、阿谀奉承联系起来。混迹职场，我们不可能不说话，没有人愿意和一个"闷葫芦"交往，那种"三脚踹不出个屁"的人，别人连和他搭话的兴趣都没有。即使你是个天才，你也得说出来，才能让人家知道你的才华。如果不想在公司里被人当成"透明人"，就不要默默地等着同事来关心你的工作，领导来关注你的才华。

在职场上，除了埋头工作之外，你还得经常抬头看看，主动和同事及上司沟通，让大家知道你在干什么，干到什么程度了，有什么经验分享给大家，让领导了解你的工作进度。这样不仅可以避免做很多的无用功，还可以做到事半功倍。从某种程度上说，沟通能力决定了你的升迁能力。

比如说，聪明的员工在讲到自己的成绩时，不管孤军奋战的他为了完成这个工作付出了多少心血，他必然会对上司说这样两句话："在领导的指导下，在大家的帮助下……"这段话是没有什么实际意义，谁也不会因为这两句话，就真的认为你的"功劳"和他们有关，但这是你对领导的尊重、对同事的看重，表现出了你的团队协作能力。听到这样的话，领导会放心地让你带团队，同事也会放心地加入你的团队。

再比如说，领导交派工作了，沉默寡言的员工会回答一声"好的"，然后转身出门，而聪明的员工则会热情地回应："我立刻去办。"这句话可能会让人觉得有拍马屁的嫌疑，但它的实际意义却是：我对这个工作非常看重，我会立即行动起来。这能够使吩咐你去办事的上司觉得他无须再为此事忧心，因为你很快就会为他搞定。但是，如果你的回答只是淡淡一声"好的"，好像你并没有把工作放在心上一样，那你的老板即使把事情交给你办，也会放心不下。他会担心你只会随便干干。

你如果只是埋头干活，而并不打算和人谈谈你干的活，时间一长，不管是领导还是同事，都会产生这样的疑问：你一声不吭的，谁也不知道你干了什么，能干什么，留在公司还有什么价值吗？你不主动出击，就只能被人忘记。因此，不要忘记与同事、与上司甚至与你的客户多谈谈你的工作，让他们知道你也是有想法、有能力的，时间长了，你在职场的印象就大为改观了。

我们中国人从小被教育的理念就是崇尚低调，然而，在职场上，太过低调会对个人的发展形成障碍。野心有时候也是一种自我鼓励的力量，对权力的向往并不是坏事，要想在职场引起他人的注意，除了具备工作能力外，还要具有优秀的沟通能力，能够巧妙地展现闪光点，勇于把握机会，让大家知道你的优势，并帮助你发挥你的优势。

人情练达
将心比心的善良，是最高级的修养

小梅学历不高，找工作时费了不少工夫，后来进入一家私人企业，主要负责公司的设备管理工作。每天来调换设备的人很多，工作繁杂琐碎，小梅一丝不苟、十分认真，但领导好像完全没有意识到她的重要性，连句表扬的话都没有。

过了几个月，公司为了提高运营效率，将财务处和设备管理处放在一起办公。小梅在负责原有工作的同时，还要承担和财务主管对接的工作。由于增加了不少的工作量，小梅常常加班到深夜。就这样，过了一段时间，小梅思来想去，还是觉得有必要找领导反馈一下。

她以请教问题的缘由找到领导，先向领导汇报了自己取得了中级会计证书，完全可以胜任目前的工作，感谢领导给了自己这个宝贵的工作机会。见领导面露悦色，小梅赶紧趁热打铁，向领导陈述了自己现阶段工作中遇到的难处，并向领导表示，如果能多给自己配备些人手的话，自己一定能把工作做得更好。

领导笑道："我还没有去找你呢，你倒找上我了。你的工作很出色，我们都是看在眼里的，本来打算给你再配备两个人，招聘启事已经在网上发布了。之前，我还担心我是否强人所难了。现在，既然你这么主动，看来你对这份工作还是挺上心的，我果然没有看错人，不如就由你来负责面试他们吧。这可是在为你搭建班子哦！"小梅知道，上司的意思是让她做部门主任，内心不由欣喜若狂。

"好酒不怕巷子深"的古训在现代社会已经不适用了，如果你不愿意"走出去"，总是等着别人来找你，那很有可能就是一直处在等待的状态。通过沟通才能使你的上司了解你的工作能力、应变能力与决策能力。如果这些都能给他留下深刻的印象，那么就可以成为你日后能否提升的考量依据。

只要你有心，和上司沟通的机会还是非常多的。每一次沟通都是一次良好的机会，比如说你们在电梯、餐厅偶遇时，你可以趁机向他汇报一下自己目前的状态如何、取得的进展和遇到的困难，等等；或者只是拉一些家常，夸奖一下他的孩子或者衣服品位，汇报一下自己目前正在进行的工作等；如果时间允许，再进一步详细说明工作过程。若这些机会都等不到，也不能自怨自艾，机会是可以自己创造的，还可以在工作会议上，或者直接到上司办公室去找他谈谈，特别要使上司认识到，你的所作所为都是出于把工作做好的目的，是为公司设身处地着想的。因为当上司在考虑提拔的人选时，对公司越有归属感和深入认知的员工，越有被升迁的机会。

6. 谈钱不伤感情

大部分人都觉得，在职场中，自己有多大的能力、付出了多少努力是和拿到的薪酬成正比的。然而，也有很多人做事卖力气肯吃苦，能力也不差，却没有得到相应的报酬奖励。出现

人情练达
将心比心的善良，是最高级的修养

这种情况的原因，主要是很多人是不好意思谈薪酬的。他们却从来没有想过，职场薪水是挣来的，但也是谈出来的。

有些人总以为，只要自己努力工作，做出成绩，老板就会看在眼里主动加薪。这样仁慈慷慨的老板或许有，但是遇到的概率可能跟你走在街上被天上掉下的馅饼砸中脑袋的概率差不多。除非你的表现实在太突出了，如果你的一笔订单都赶上公司的半年产值了，老板会主动给你一个红包；否则，你只能自己争取加薪。

然而，和老板谈加薪，说起来容易，但却是每个职场人士最为头疼的事情。如果直截了当地和老板要求加薪，不仅老板不高兴，你也尴尬。如果再不巧遇上老板心情不好，你提出加薪不但会遭到拒绝，就连你是否能继续待下去都会变成一个未知数。因此，在与老板谈加薪的时候，我们不仅要把握谈话的内容，还要掌握时机。

有一次，梁建洲去参加大学同学聚会。聚会上，大家聊起现在的生活和工作情况，窦骁说："像梁建洲这样的人才，到深圳最起码要拿两倍于现在的工资。"并且他还说，他们公司现在正好急缺人才，如果梁建洲有意，他可以向自己的老板推荐一下。

听到这个消息，梁建洲的确心动了一下，可仔细想想，老板对自己也还算不错，很认可他的能力；并且，在与同事的合作上也一直很愉快。再则，现在的工作空间还是很大的，更难得的是专业对口；另外，进入一家新公司，天晓得要磨合到什

第七章
慢品人间烟火色，闲观万事岁月长

么时候，加上举家搬迁，动静可就太大了，即使薪水翻番，性价比似乎并不合适。

但是，想到自己的薪水，他还是有些不甘心。于是，梁建洲打算找个机会和老板谈谈。一次，梁建洲跟随老板出差，某个下午从客户处出来，老板带着梁建洲到酒店附近的一家咖啡馆，目的是找个安静的地方，商讨刚才洽谈的细节。正事谈完，时间尚早，话题不知不觉转向生活化。

老板谈到大学时代到如今的境况，不免感叹人生奋斗不易之类，气氛难得地亲和起来。梁建洲就此提起，曾有家公司以一倍半的薪水挖他，但他拒绝了。老板惊讶地问他为何不去？

梁建洲侃侃而谈，工作以来，他认为这家公司是他感觉最融洽的团队，从老板到团队成员配合默契，如果离开一个可贵的团队，个人能力和发展，也几乎谈不上什么。况且老板是个有担当的人，即使他出现错误，老板也会包容和指正。而更重要的是，他个人的职业规划和公司的发展规划是相关的，跳槽也并非他的初衷……

这是入职以来，梁建洲跟老板谈话最深也是最多的一次。听了梁建洲的一番话，老板大为感动，拍着梁建洲的肩连说"不错不错"。

"但是，让我想不开的是，低于行业标准的薪水无法很好地证实自我能力，同时心理也有些不平衡。我希望，您能考虑在原有的基础上加薪。"接下来，梁建洲提了一个合适的薪资数目，同时谈起了下半年以及来年的工作目标。老板边听边点头，答应回去后好好考虑。

结果不难预料，一周后，财务部通知梁建洲加薪。

职场精英的标志之一就是职位高、薪水高。那么，为自己谋求一份合理的薪水是每个职场人要做的事。虽然，跟老板谈薪水有时候让不少人感到为难，但是既然认准了职场，要当职场中的精英，就应该对自己的薪水负责，就要学会做一个职场加薪的"谈判"的高手。

7. 你好，陌生人

一个人，要想博得别人喜欢，并且与一些陌生人营造一见如故的感觉，就不能太矜持、内敛；你只有主动、热情地同他们聊天，努力探寻与他们交谈的共同点，赢得对方的好感，这样才能拉近彼此之间的距离。

只要你心思缜密，注意观察，每个人都会或多或少有一些共同点。比如，你可以通过他的装束判断他是不是一个比较喜欢时尚的人；通过他看的书知道他喜欢什么风格的作品；通过他的举止谈吐知道他的爱好兴趣，等等。

不过，当我们到一个陌生的场合，想要迅速让大家认识自己，还是要自己先开口。

朋友刘颖在一家全国连锁的品牌专卖店做销售，2021 年

第七章
慢品人间烟火色，闲观万事岁月长

被地市作为优秀员工被推荐去开培训会。虽然大家都是同一品牌销售，但是由于地市不同，彼此都不太熟悉。第一天，他们坐在一起吃饭，除了公司高层讲了一番话之后，大家一片沉默。

刘颖为了打破沉默，主动聊起自己销售时遇见的一位特别有气质的小姐姐，她是该品牌的忠实客户，每次上新都要跑过来血拼一番，而且有个特别的嗜好，凡是品牌限量的版本，她都要收集。遇到上新，她特别喜欢做第一个客户，且说话特别有礼貌。

其他人听后，纷纷表示最喜欢这样的顾客，也开始聊自己所接触到的有趣的顾客。

场面瞬时热闹起来，大家也都迅速地熟络起来，接下来几天的培训，大家都有种相见恨晚的感觉，都加了微信，后来回去以后，也经常联络，不同地市之间调货也比从前方便容易。

而刘颖，也因为那天第一个开口说话，被高层所认识，后来因为工作出色被调到总公司。

其实，仔细观察，人与人之间的共同点很多，根据所遇场合不同，有不同的聊天话题。刘颖就是在公司培训的场合下，以工作遇到的客户为契机，开展话题。如果是在群网友聚会，就可以兴趣爱好为谈点。我有段时间喜欢书法，加过一个书法群，每天在群里由群主布置作业，因为都是同城，很快群主组织了一次聚会。群主让我们都把自己平时练习的作业带了过去。一见面，大家互相参观别人的作业，提出自己的建议，聚

人情练达
将心比心的善良，是最高级的修养

会很融洽。再加上，都是同城，彼此之间都有共同认识的人，就更加觉得亲近。在有相同爱好的情况下，真的会有种莫名的熟悉感。

只是，需要注意的是，一旦面对无话可讲的情况，很有可能是对方对你的话题没有兴趣，就要果断结束话题，相比尬聊，倒不如沉默了。

不过，有很多人，是不太喜欢主动搭讪陌生人的，但是，又对陌生人的搭讪并不抗拒，相反，还会觉得有趣。因此，在遇到陌生人时，请主动搭讪，说不定，就会遇见一个至交好友。

第八章

一腔孤勇又如何，
　单枪匹马你别怕

人情练达
将心比心的善良，是最高级的修养

1. 不乱于心，不困于情

不以物喜，不以己悲，是一种大智慧的境界。

塞翁失马，焉知非福，有时候将得失看得太重，就会失去平常心，这样反而不美了！

前秦氏族人苻朗所撰《苻子》记载：传说夏王太康时，东夷族的首领名叫后羿（并非尧帝时射日之后羿），是一位百步穿杨的神射手。夏王听闻后，非常欣赏他的本领，于是便派人招他入宫来给自己表演。

为了能够看到更精彩的表演，也表示对神射手的尊重，夏王下令，如果后羿能够射中靶心，便赏赐万两黄金。但若是靶心不中，便要罚没他的一千户封地。让人没有想到的是，听完夏王的话，后羿呼吸急促，握弓的手也因紧张而发抖，连射几箭，都未中靶心。

夏王有些不满，对大臣傅弥仁说："传闻中的后羿是百发百中，为何请他来射箭，一箭不中呢？"傅弥仁说："主要是您的奖赏太过丰厚，惩罚又过于严厉，这样情绪压在他的心上，更压在他射箭的手上，难免不稳。"

如若夏王只是单纯地吩咐后羿射箭，这本是他擅长的，也

第八章
一腔孤勇又如何，单枪匹马你别怕

并不会有什么差池，坏就坏在，夏王的那些话，使后羿失了平衡。后羿因为失去了平常心，所以没有得到他应该得到的，反而失去了他不该失去的东西！

奥运会的运动员们，成绩相差微毫，其实他们能力都相当，说是临场发挥，其实考验的不过就是在比赛中是否能如平常训练一般毫无杂念。

天下熙熙皆为利来，天下攘攘皆为利往，人活在世上，无论贫富贵贱，都不免要和名利打交道。

乾隆下江南时游历金山寺，看到山脚下大江东去，百舸争流，于是便问高僧："你可曾知道，这几十年，从这经过的船只有多少？"高僧一语道破天机："在我眼中，只有两只。一只为名，一只为利。"

得失随意，宠辱不惊。平常心，虽然只是简单的三个字，但却是人们常常难以跨越的一道鸿沟。六祖慧能曾说："本来无一物，何处惹尘埃。"这种超脱凡俗、超越自我的境界，正是对待平常心的深刻体悟。

用平常之心，看待不平常之事，则事事平常。在现实当中，许多人往往缺乏平常心，以名利作为追求的目标，以金钱和权利作为人生幸福的标准。为欲所惑，贪图享乐，最终陷入欲望的泥沼而无法自拔。

1977年，年仅23岁的林海峰在名人战中挑战坂田荣男，结果出师不利，首局败北。输掉先手后，林海峰失去了自信，于是，他去找师父吴清源请教。当时，吴清源对他说："你现在最需要的是要有一颗平常心。老天对你已经很厚了,23岁就挑战名人,这已经是多少人梦寐以求也达不到的成就了,你还有什么放不开的呢?"说完,吴清源还特意题写一幅"平常心"的字送给他。林海峰因此大悟,随后连胜3局,四胜二负战胜了坂田荣男,成为历史上最年轻的名人。

林海峰还说过,自从那次之后,他再也没有因为输棋而难过了。因为他关注的不再是输赢得失,而仅仅是围棋本身。

世人很难做到一心一用,他们穿梭在利害得失之中,被世间浮华宠辱所迷惑。他们在生命的表层停留不前,因此而迷失了自己,丧失了"平常心"。要知道,只有将心灵融入世界,用心去感受生命,才能找到生命的真谛。

人们的欲望总是无止境的,总是期望得到更多。我们还未成佛,所以我们做不到功名利禄一切随他去,也无法成为真正的自在人,重要的是,你是否能一直坚守自己的本心不失。

即便我们做不到完全的"淡泊名利",但至少我们的双眼不要被"乱花"所迷,做到在适度追求名利的同时,时常去修剪自己的欲望。

2. 以出世之心,行入世之事

洪应明在《菜根谭》中直抒胸臆:"宇宙内事,要力担

第八章
一腔孤勇又如何，单枪匹马你别怕

当，又要善摆脱。不担当，则无经世之事业，不摆脱，则无出世之襟期。"意思是，世上的一切事情，要勇于承担，又要善于摆脱。不承担的话就没有立世的资本，但是，如果一直深陷世俗生活，也就丧失了脱离尘世的情怀。身处名利场中，应懂得休闲放松，然后以更充沛的精力投入到工作中去。如果你有非凡的才能，为什么不贡献于社会呢？我们应"以出世的心态，做入世的事情"，即用出世的态度或精神，来做入世的事业。

"入世"就是把现实生活中的利害、得失、恩怨、情仇、成败、对错等作为做人做事的基本准则。做事谋生，积极主动，用有限的人生追求无限的成就。当一个人过于入世，陷入烦琐的事物之中，又过于看重利益得失，无法客观冷静地看待全面问题，就需要有点出世的精神。

"出世"就是做人不能太拘泥于现实、太苛求利益，要以平和的心态对人对事，既要全力以赴，又要顺其自然。站得高一点，看得远一点，对有些东西看得淡一些。这样才能排除私心杂念，以这种出世的精神去做入世的事业，就会事半功倍。我们活在现实中，要生存，要讲入世，但我们精神上要出世，保持内心的平静。

做人首先要有出世的心态，有了出世的心态，知道人生的一切不过是过眼烟云，就会把身外之物看淡、豁达、潇洒，了无牵挂。这样容易心态平和，自然也就能有所成就、找到快乐。但如果只停留在这一层面上，那就未免有点"消极"了。如果只是一味地出世，一味地冷眼旁观，而不想去做一点实际的、入世的事情，到头来只能是空耗日月。因此，还要入世，尽自己的能力做事，尽最大的努力去做好，不仅仅是为自己，更重要的是为他人。

一天，一个大户人家的庭院中，两个仆人正在闲聊。

仆人甲问："为什么每天看到你都是心事重重的呢？"

仆人乙叹了口气说："我每天都做那么多的事，总是会担心，要是做不好、做错了怎么办？你呢，你为什么每天都这么从容呢？"

仆人甲答："因为我从来都不担心。"

两人的对话正好被路过的主人听到了，主人心想仆人乙每天担心事情做不好，说明他用心了，仆人甲从来都不担心，说明他没有把事情放在心上，他心中暗暗地赞赏仆人乙，对仆人甲则有些不满。因此，他决定重赏仆人乙。

于是，主人到后院找自己的夫人，对他说："一会儿我会派人去给你送酒，你一定要重重赏赐那个送酒的人。"夫人虽然不明白他的意思，却还是答应了。

接着，主人把仆人乙招来，随手拈来自己喝过的半杯酒说："你把这半杯酒给夫人送去。"

仆人乙接过酒后，心中暗自琢磨："主人府上的酒有千桶万桶，为什么让我把这喝剩的半杯酒送给夫人呢？夫人看了会发火吗？"由于他心不在焉地想着事情，结果一不留神撞在了门外的立柱上，顿时脑袋上被磕了个大包。

仆人乙本来就担心自己给夫人送酒会被斥责，现在弄成自

第八章
一腔孤勇又如何，单枪匹马你别怕

己鼻青脸肿就更加失礼了，说不定夫人会把自己直接赶出家门。可是不去的话，又怕主人怪罪自己，恰巧这时，仆人甲过来了。于是他恳请仆人甲帮忙把酒给夫人送去。仆人甲也没有多想就接过酒杯。

后院里，夫人正在等候送酒之人，见仆人甲送酒来，就将所有的赏赐都给了他。

现实生活中，凡是那些整天想着功成名就的人，生活大多十分辛苦，一天到晚为了名利，在世俗尘劳中辗转沉沦。最后的结果，往往弄得自己吃也不得安宁，睡也不得安宁。一个人入世太深，久而久之，当局者迷，陷入烦琐的生活末节之中，把实际利益看得过重，注重现实，囿于成见，难以超脱出来冷静全面地看问题，也就难有什么大的作为。因此，我们才需要一点出世之心，顺其自然，以平和的态度对待事物，不要苛求结果的完美。

当然，所谓出世并不是让我们彻底地隔离世间，一个人在世上，只是一味地出世，一味地冷眼旁观，一味地看不惯，一味地高高在上，一味地不食人间烟火，而不想去做一点实际的，那并不是真正的出世。我们所提倡的出世，是一种态度，是解放你的思想。这么做的一切，都是为了更好地入世，更好地面对世间的一切事物。

以出世的态度做入世的事情，告诉我们应放下心中的杂思妄想，珍惜时光，积极主动地把眼前的每一件事都看成大事，扎扎实实地把它做好。在世俗中应尽自己最大的努力，不以权力、财富、名望为追求目标,而讲求修身、养德、济世,用来成就自己,造福他人。

世事纷纭,易生浮躁,我们要以超然的心态做事谋生。跳出自我、超越自我,才能更好地看清自我,以出世的心态做入世的事。我们应在"出世"和"入世"之间保持平衡,让事业、家庭、个人修为三者和谐,这样即使不能大成,也会收获快乐人生。

3. 不能随心而欲,那就随遇而安

"随遇而安,顺其自然",这好像是现代人非常爱说的话,并奉其为做人的圭臬。生活中,许多时候我们越是强求某人某物,越是得不到,反而会与之离得更远。那么此时,我们就应凡事随缘,不去刻意强求。

"随缘"中的"随"不是跟随,而是顺其自然,把握机缘,不怨恨,不急躁,不强求,不过分;随是一种达观,是一种洒脱。缘是什么?世间万事万物皆有相遇、相随、相乐的可能性;有可能即有缘,无可能即无缘。"随缘"不是因循苟且地随便行事,而是随顺当前的环境因缘,从善如流。会做人者通情达理、能圆融做事,这样才能够达到事理相融。

一所禅院里,草地已是一片枯黄,小和尚看到了,就焦急地对师父说:"师父,快撒点草籽吧!"师父不慌不忙地说:"不必着急,空闲时我去买一些草籽撒上,急什么呢?随时!"

过了一段时间,师父买来了草籽,交给小和尚,说:"去把草籽撒在地上吧。"小和尚一边撒,草籽一边随风飘走了不少。小和尚十分惋惜,师父劝慰他说:"没关系,吹走的多半是空的,撒下去也发不了芽。担心什么呢?随性!"

草籽撒完后,许多麻雀飞过来专挑饱满的草籽吃。小和尚看见了,又惊慌地说:"这下完了,草籽都被小鸟吃了!"师父坦然地说:"没关系,草籽那么多,小鸟是吃不完的!"

这天夜里,忽然下起了大雨,小和尚暗暗担心草籽会被冲走。第二天清晨,他跑出去一看,发现地上的草籽果然都不见了。于是他懊丧地对师父说:"师父,昨晚的大雨把地上的草籽都冲走了,怎么办才好?"师父从容地说:"草籽被冲到哪里就在哪里发芽。随缘!"

不久,许多青翠的草苗果然破土而出,原来没有撒到的一些地方居然也长出了许多青翠的小苗!小和尚高兴地对师父说:"师父,太好了,我种的草长出来了!"师父听了,点点头说:"随喜!"

上例中的禅师懂得凡事随缘,不去刻意强求,反倒因此别有一番收获。佛家的精髓是顺应自然,虫子吃了菜,就让它吃去吧,它吃饱了自然就不会再来了。

随缘是一种进取,是智者的行为。

当我们遇上难越的坎、难过的关,与其百般思量,不如顺其自然，反倒能够柳暗花明。无论缘分有多深多浅，多长多短，得到即是一种福分。人生苦短，缘来不易，我们都应该好好珍惜，并洒脱地对待生命的每一个人、每一段缘。

林徽因堪称旷世才女，她曾经被才子徐志摩苦苦追求，但后来由梁启超牵线，林徽因成为梁启超的儿子、著名的建筑学家梁思成的恋人。

1931年梁思成从外地回来，林徽因很困扰地告诉他："我现在很苦恼，因为我同时爱上了两个人，不知道怎么办才好！"梁思成非常震惊，他知道另外一个人是金岳霖，一种无法形容的痛苦涌上心头，他一夜无眠，翻来覆去地想：徽因到底和谁在一起会比较幸福？他虽然觉得自己在文学、艺术上有一定修养，但金岳霖作为著名的哲学家、逻辑学家及教育家，自己是远远不及的。

第二天，他平静地告诉林徽因："你是自由的，如果你选择了老金，我会为你们祝福的。"后来这些话传到了金岳霖的耳朵里，金岳霖回复林徽因："看来思成是真正爱你的，我不能伤害一个真正爱你的人，我应该退出。"从此他们再也不提这件事，三个人仍旧是好朋友，经常在学业上互相讨论、促进。有时梁思成和林徽因吵了架，金岳霖总是想方设法让他们重归于好。

从此，金岳霖再不动心，为了林徽因他终生未娶，待林梁的子女如同己出。

梁思成和金岳霖是真正领悟了爱情真谛的人，他们能尊重所爱之人的选择，给爱人自由。这种宽广心胸和洒脱性情让人肃然起敬。

爱随缘，静观缘起缘落，静待缘聚缘散。只有懂得爱随缘，才不会因缘起爱至而欣喜若狂，也不会因缘尽爱去而痛不欲生，更不会疯狂追求，勉强示爱，给对方或自己带来不必要的伤害。我们起码应该学会如何去爱自己所爱的人。当爱情无缘时，不如洒脱放手，让对方更幸福，同时也让自己更轻松。

随缘，是一种洒脱，是一种成熟，是对现实正确、清醒的认识，是对人生彻悟之后的精神解脱。拥有一份随缘之心，你就会发现，岁月天空无论是阴云密布，还是阳光灿烂，人生之旅无论是曲折多艰，还是顺利畅达，心中总是会拥有一份平静和恬淡。

4. 心无挂碍，当下不杂

俗话说"静以修身"，静是一种修养，静可以养性、养心。静既指内心的平静、平和，不患得患失，又指外部环境的安静、和谐。静源于理性，但静又是生产理性的前提，静给人提供了反思自我的机会。

自我修养的玄机在一个"静"字，当一个人心静如水时，其心境犹如明镜一尘不染；考虑事情就会发现真理。静让人安于本分，不至于随波逐流；心静才能追求永恒，静是实现人生价值的根本。

拥有平静的心态，能使人看穿迷茫而清醒地认识自我，寻找内心的宁静与安详。困惑与挫折，失落与忧虑，烦躁与不安，这些都只是人生中的小插曲。唯有平静的心才能带给我们安宁和乐趣，才是人生的真谛。对于每个人来说，平静的心态都是非常重要的。平静是对人生、对社会呈现的一种境界，也是一种不可或缺的修身哲学。

唐代著名禅师慧宗酷爱兰花，因而在平日弘法讲经之余，花费了许多时间栽种了数十盆兰花。一天，他又要去远行弘法讲经，便吩咐弟子看护好兰花。期间，弟子们都很细心地照顾着兰花。不料，一天深夜，狂风大作，暴雨如注，偏偏当晚弟子们一时疏忽，将兰花遗忘在户外。第二天，弟子们望着倾倒的花架、破碎的花盆、憔悴的兰花，后悔至极。

几天后，慧宗禅师返回，众弟子忐忑不安地上前迎候，准备领受责骂和惩罚。谁知得知原委后，慧宗禅师泰然自若，神情依然是那样平静安详。他宽慰弟子们说："我种兰花，一是希望用来供佛，二也是为了美化寺庙环境，不是为了生气而种兰花的。"就这么一句平淡无奇的话语，令在场的弟子们肃然起敬，如醍醐灌顶，备受感动……

禅师之所以看得开，是因为他虽然喜欢兰花，但心中却无兰花这个挂碍。因此，兰花的得失，并不影响他心中的喜怒。

第八章
一腔孤勇又如何，单枪匹马你别怕

既然事情已经出了，生气也没用，何必还要用生气乱了心情，坏了情绪呢？平和的人，其玄机在一个"静"字，"猝然临之而不惊，无故加之而不怒"，冷静处人，理智处事，身放闲处，心在静中。

心灵深处如果平静如水，无风无浪，那么，无论在哪里都有青山绿树的生长。《菜根谭》指出："人心多从动处失真。若一念不生，澄然静坐；云兴而悠然共逝，雨滴而冷然俱清；鸟啼而欣然有会，花落而潇然自得。何地非真境，何物无真机。"意思是，人心是因为容易浮动才失去纯真的本性，如果一点杂念都不生，清静祥和地坐着，和飘过的云朵一起消逝在天边，从雀跃的鸟声中领会自然的奥妙，那么人间哪里不是仙境？何处不蕴含着自然的机趣呢？

心性原是不受任何拘束的，只是因为太浮躁所以失去了真性。只要心中没有杂念，保持宁静的心情，就可以和白云一起飘游到天边，就可以领略大自然的千般美景。生活中处处充满玄机，处处都是真境，关键在于我们能不能去领会。

我们选择不了生命，但我们可以选择生活的方式，在喧嚣中，独守一片平静，在繁华中，坚持一份简单。在闲暇时光，随意捧一本爱看的书，细细回味幽幽冥想，享受淡淡的恬静与优雅，安静地陶醉在书香气息里……

不为眼前功名利禄而费心劳神，荣辱皆不惊，得失不计较，心平如镜，宁静从容，我们就会活得轻松，活得充盈，活得有滋有味。

5. 岁月安然，寂静欢喜

在日常生活中，我们经常会被各种烦恼所困：工作不好，没钱或没房，先进评比没份，受冤枉挨批评等。对这类事情，如果能保持快乐心境，心里就会想得开，就能妥善对待、处理好这些事情。如果总是想不开，越想越气，言行就会出现反常现象，甚至为了一点小事，大闹一场，出言不逊，使自己的人品大为降格，人际关系受损。

人的心情总是会受到事情的影响，很多时候我们是在做着心情的奴隶。任何人都不会一帆风顺。很多时候，遇到的各种问题会让人身心俱疲，深陷其中。此时，最需要做的是调整好心态，我们永远无法控制事情，比如生老病死、挫折失败以及各种不幸的降临等，但是我们永远可以选择自己的心情。无论如何，常用良好心态对待生活，也许一切都会变得简单、从容，快乐就会如影随形。

苏格拉底年轻时，曾和几个朋友一起挤住在一间不足十平方米的房间里，一天到晚总是很快乐。有人奇怪地问他："人那么多，屋子却那么小，你为什么还这么高兴呢？"

苏格拉底说："朋友们住在一起，随时可以交流思想、交流感情，难道这不是值得高兴的事吗？"

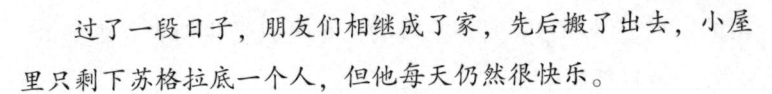

第八章
一腔孤勇又如何，单枪匹马你别怕

过了一段日子，朋友们相继成了家，先后搬了出去，小屋里只剩下苏格拉底一个人，但他每天仍然很快乐。

那人又问："现在只剩下你一个人了，多孤单呀，为什么你仍然很高兴？"

苏格拉底说："我和很多好书日夜相伴，这怎么不令人高兴呢？"

又过了几年，苏格拉底也成了家，搬进了一座楼里。他家住在一楼，条件很差，不安静，也不卫生。那人见苏格拉底还是快乐的样子，就好奇地问："你住这样的房间，也感到很高兴吗？"

"是呀！"苏格拉底说，"住一楼有不少便利之处啊！你看，进楼就是家，不用爬楼梯；搬东西很方便，不必费很大的劲儿……特别让我满意的是，可以在楼前楼后的空地上养一丛一丛的花，种一畦一畦的菜。"

后来，那人见到了苏格拉底的学生柏拉图，问他说："你的老师总是那么快乐，我却感到不太理解，他所处的环境并不是很好呀？"

柏拉图回答说："老师曾说过，'一个人快乐与否，主要的不在于环境，而在于心境。心境好，在不好的环境中也能快乐；心境不好，在好的环境中也不能快乐。'由于我的老师总是拥有快乐的心境，所以他总是快乐的。"

面对上天给予的种种恩赐与考验，怜爱与不公，我们或许无法改变事实，却可以以一种好心态来面对它。虽然心情受事

> 人情练达
> 将心比心的善良，是最高级的修养

情的影响，但是它毕竟是主观的，是可以受我们意志支配的。有好心情自然快乐无穷。

事实就是这样，当你以一种豁达、乐观的心态面对生活时，眼前就会光明一片。相反，当你被悲观忧郁的思想囚禁时，未来就会变得黯淡无光。人生本无所谓得失，你心情的好与坏，全在于你自己。

在喧闹的生活环境中，内心能够保持宁静的人，他的心肯定也是快乐的。因此，一个人对生活的感受，不在于其所处的环境，关键在于其心境如何。"人心有真境，非丝非竹，而自恬愉；不烟不茗，而自清芬。"人心中如果有真境，没有音乐，仍然会感到欢快愉悦；不煎水，不品茶，而自然会有清香芬芳之气袭来。

许多时候，我们不能改变生活，但是我们能够改变自己的心态。心态变了，别人对你的态度就会变，你做事的效率就会变，事情的结果当然也会变。当你微笑着看世界的时候，世界就是阳光灿烂的。

6. 再长的噩梦，也会被晨曦撕碎

俗话说："人往高处走，水往低处流。"这不仅写出了水的谦卑与宁和，同时也反映出人的不满足——总想位居高层，不愿意居下，不愿意像水那样谦逊。因此，人才会时时刻刻处在紧张的状态之中，才会充满烦恼与不安。实际上，"世间本无事，庸人自扰之"，在你汲汲于"登高远望盼成功"的时候，你的烦恼便会滋生。因此，佛语有云："忧者即烦恼也。"也就是所谓忧心、忧人、忧天下。道家对忧者的解释为："忧心者伤神，忧人者伤力，忧天下者伤德也。故无忧为养生之道。"可以说，烦恼对于人们来讲是百害而无一利的。无忧者就是指那些放下了忧思、烦恼的人。能够放下烦恼是修身养性的最高境界，因为很多人都想要放下烦恼，但是他们却难以控制，虽然说要放下，但他们的行动却与他们口中所言的放下截然相反；还有一些人，虽然表面上看起来是放下了烦恼，但其实不然，一旦出现导火索，烦恼便会如同洪水暴发一般一发不可收拾，使人再难压下、忘却。

事实上，人们放不下的东西太多，譬如有些人自觉身份高贵，于是大事干不来，小事不愿干。然而，但凡成功人士，他们之所以能够取得现在的成就，就是由于他们放下了许多应该放下的东西，让自己轻装上阵，不背负过多的压力与烦恼，向目标前进。而这些人，放弃的最多的就是烦恼。也正是因为如此，烦恼才是修身养性中最该摒弃的东西。唯有放下烦恼，才能达到修身养性的最高境界。

每个人的心理或多或少都会存在着一些烦恼，而有些人正是因为不知道如何放下烦恼，日积月累后，他的心理便会产生忧郁情绪，或是会产生消极的想法。这时候，烦恼已经成为一种致命的烈性毒药。因此，现在很多人都提倡亲近自然，以消除忧虑。然而，对于那些不肯轻易放下自己内心的忧虑、烦恼的人来讲，再轻松的生活他们也无法感受到，再美好的景色他们也无暇欣赏。

只有放下烦恼，抛开那些让自己忧郁的杂念，才会让自己脱离烦恼这剂致命的毒药，享受到心底的宁静。

有一位虔诚的佛教教徒，她每天都从自己的花园里，摘下最鲜艳的鲜花到山上的寺院供佛。有一天，当她一如往常地将花朵送到佛殿前面时，正好遇到了寺院住持明德禅师从法堂走了出来。明德禅师看到这个妇女后，欣喜地对她说："你每天都这么虔诚地以鲜花供奉佛祖，三年来从未间断过，依照经书的记载，常以鲜花供佛者，来世定当得庄严宝相的福报，而你的今生也会过得十分顺利，无忧无愁。"

佛教徒听后十分高兴，对明德禅师说："这是我应该做的。我每天只要一来到寺院，就会觉得内心一片宁静，十分空灵，似乎凡尘俗世都离自己远去，每一次来到寺院，我的心灵都像是受过了洗礼一般。但是一回到家中，我就又觉得烦躁不安，心中生出很多的烦恼。大师，我作为一个普普通通的家庭妇女，如何在喧嚣的尘世中保持一颗平静的心灵，让烦恼离我远去呢？"

明德禅师没有回答她的话，反而问道："施主，我见你常常以鲜花礼佛，相信你对于如何饲养花草一定有一些自己的见解，那么我现在问你，你是怎样保持花朵新鲜的呢？"佛教徒回答："要想保持花朵的鲜艳，每天必须换水，最重要的是在换水的同时要将花梗剪去一截，否则花梗泡在水里的一端容易

第八章 一腔孤勇又如何，单枪匹马你别怕

腐烂，在花梗腐烂后就不易吸收水分，这样一来，花朵就容易凋谢，不再保持鲜艳。"

明德禅师继续说："施主既然明白要想保持花朵的鲜艳就要将腐烂的花梗去掉，那么保持一颗纯净的、无烦恼的心灵，它的道理也是一样的。我们生活的社会就像是瓶子里面的水一样，我们自身就是装在瓶子里面的花，只有不断地净化我们的心灵，去除心灵上的烦恼，不断地将烦恼、忧愁、怨恨丢弃，才能不断吸收到精纯的养料。"

佛教徒听后，欢喜作礼，对明德禅师感激地说："谢谢大师的开导，希望以后还能有机会再接近大师，聆听大师的教诲，过一段寺院的禅者生活，去除心灵上的杂质，将所有的烦恼都放下，以一个轻松纯净的心灵面对以后的生活。"

明德禅师接着说道："只要你懂得放下，悟得何为禅，那么这世间的每一寸土地都是净土，又何须专门来到寺院生活呢。"

可以说，一个人只要自己能够将执妄放下，将烦恼抛开，那么这个人即使身在闹市，他的心灵也依然是平静的；但是如果一个人心有妄念，心中总有千万结解不开，每天都愁眉不展的，即使他身处在深山古寺之中，也会被烦恼这剂毒药困扰，无法保持心灵上的平静。只有让自己的心灵平和下来，将所有困扰自己的烦恼通通抛开，人们才能达到菩提的境界，才能获得内心的一片清凉。

人生就像是天气一样，有阴有晴。一个善于将烦恼抛弃的

人情练达
将心比心的善良，是最高级的修养

人，就像是太阳一般，总是给人带来希望，带来光明，在他的周围充满了欢乐。而一个心中时时充满了烦恼的人，就像是乌云一般，既遮蔽了别人，又让自己陷入一片阴霾当中，他看不到人生的光亮，任由自己在一片黑暗中沉沦，毁灭。实际上，很多时候，人们都不必为某件事而烦恼，只要换一个角度思考，就可以将坏事变为好事，将缺点变为优点。一旦人们能够将烦恼放下，就会发现自己充满了活力与朝气，自己也变得开心起来，同时还感染了他人。

实际上，放下烦恼是一种人生大智慧。

一位老员外十分喜欢代表富贵的牡丹花，因此他的庭院里种满了牡丹。有一天，老员外邀请自己的好友来家中赏花，此时正是牡丹花开得最灿烂的时候，每一个看到这些牡丹花的人都赞不绝口。这时候，一位观察细致的朋友开口说："你的牡丹是很漂亮，甚至比花匠精心培育的牡丹还要漂亮，但是你发现没有，你所养的牡丹每一朵都不是那么完美，每一朵花的花瓣边上都或多或少有所残缺，这不是代表着富贵不全么？"老员外听了之后心里十分不舒服，但是碍于情面又没有表现出来，而此时，另一个朋友却笑呵呵地说："牡丹花的花瓣边上有所残缺，不正是应了那句'富贵无边'的老话么，你的花还真是会长啊，真是可喜可贺啊。"老员外听到这个朋友的话后立刻开心地笑了起来。

后来，听说那位只注意到牡丹花的残缺的朋友，总是一肚子的烦恼，家人从没见他开心地笑过，他的身体也越来越差，没过几年便郁郁而终；而那位认为牡丹花残缺代表着富贵无边的朋友，平时总是乐呵呵的，他身边的朋友也越来越多，因此，直到他九十岁的高龄，他的身体还十分硬朗。

可以说，当一个人心中充满烦恼的时候，这样的情绪会直接影响一个人的身体健康，只有从心里改变对烦恼的偏执，才能阻止烦恼这剂毒药对身体和心灵的侵蚀，人们才能够健康快乐、轻松地生活。

7. 月光下饮酒，归来仍是少年

日本哲学家西田几多郎有一首诗："人是人，我是我，然而我有我要走的道路。"是啊，我们有我们自己的生活目标和生活方式，如果我们自己不能选择自己喜爱的生活方式，走自己想走的路，而是处处要看别人的脸色行事，这无疑是在为别人而活，这样的活法又有什么意义呢？一个人如果凡事都想讨到别人的欢心，那他就会慢慢沦落为一个心理乞丐。

改变这种状况的条件，不仅包括头脑聪明，亦须具有"不在乎别人"的那种定力。这种定力，并非人人都能够做得到。

白云守端禅师有一次和他的师父杨岐方会禅师对坐，杨岐

人情练达
将心比心的善良，是最高级的修养

问："听说你从前的师父茶陵郁和尚大悟时说了一首偈，你还记得吗？""记得，记得。"白云答道："那首偈是'我有明珠一颗，久被尘劳关锁，一朝尘尽光生，照破山河星朵。'"语气中免不了有几分得意。

杨岐一听，大笑数声，一言不发地走了。白云怔在当场，不知道师父为什么笑，并为此愁烦不已，整天都在思索师父的笑，怎么也找不出他大笑的原因。那天晚上，他辗转反侧，怎么也睡不着，第二天实在忍不住了，大清早便去问师父为什么笑。杨岐禅师笑得更开心了，对着因失眠而眼眶发黑的弟子说："原来你还比不上一个小丑，小丑不怕人笑，你却怕人笑。"

白云听了，豁然开朗。是啊，只要自己没有错误，笑又何妨呢？

也许你还有这样的感受，做人做事，哪怕是穿一件新衣服，说一句什么话，都会不自觉地考虑到别人会怎样看，会不会不高兴，总想办法，尽量按照别人的期望去做，担心顺了姑心失了嫂意，怕别人失望，被别人笑话，甚至责骂。对于偶尔未能尽如人意，或听到背后有人非议自己，就耿耿于怀而不可终日。

其实，一个人将生活的焦点和生命的重心放在看别人的眼光、脸色和喜恶上，千方百计去克忍自己，迎合别人，是非常愚蠢的，且不说千人千性，众口难调，你不可能满足所有人的要求，即使能，也只能扭曲自己，最终失去自己，失去自己的生活乐趣和生命价值。

因此,人最要紧的不是在争取别人怎么看你,而是要考虑自己的路该怎么走,怎么走才能走得更好。千万不要按别人的思维来对待自己、对待社会,什么鸣冤叫屈,埋怨自己,怨天尤人,敌对别人,仇视社会,只能上了别人的当,中了别人的圈套,那些存心搬弄是非的人,其目的就是要让你没有好日子过。

当你认识到这一点之后,你就可以从另一个角度来看待他人的反对意见了。当别人对你的话提出异议时,你也不会再因此而感到情绪消沉,苛责别人或者为了赢得他人的赞许而即刻改变自己的观点。相反,你会意识到自己刚巧碰到了属于与你意见不一致的 50% 中的一个人。只要认识到你的每一种情感、每一个观点、每一句话或每一件事都总会遇到反对意见,那么你就不会轻易改变自己的立场了。

总是对生活不满和抱怨的人,大都因为不能接纳自己。常言说得好,人生不如意十之八九,人生道路怎么可能一帆风顺?生活总会有酸甜苦辣、喜怒哀伤,尤其是最近的生活,压力空前巨大,处处可以听到牢骚和痛骂的声音,仿佛对这样的生活充满了仇恨,恨不能飞到外星球,与这样的生活一刀两断!

可是,这样排斥生活只能让我们更痛苦,同时,也让我们对自己越来越不满意,"为什么我处处不如别人?"这是很多人的心声,是啊,我们可能没有一个好爸爸、没有高学历、没有钱、没有漂亮的脸蛋、没有聪明的大脑、没有好工作、没有好运气、没有房子、没有对象……当我们不能肯定自己,只用

人情练达
将心比心的善良，是最高级的修养

权势、虚荣、占有来肯定自己时，就会显得非常脆弱，非常容易被蒙蔽，非常容易在这个物欲横流的世界迷失自己。

月有阴晴圆缺，人有旦夕祸福。生活往往无常。面对生活中的财富，可以去尽情享受，开阔眼界，陶冶性情，饱览世界风情，过上充实的生活。实际上，很多在文学上有成就的人大都出身富贵，因为他们从小有条件饱读诗书，长大后周游世界，也可以尽情挥洒自己的才能。

可是我们大部人没有这样的条件，我们生活困窘，不能去享受富足的生活。但是这并不意味着我们的生活就很糟糕，我们同样有追求幸福生活的权利。当我们感到生活的贫乏时，要学会去探寻生活的艺术，也要学会思考，不要把思维局限在一个框框里，这样我们就会发现，生活其实很动人，只是我们被偏见蒙蔽了眼睛。

《庄子》里有一段动人的故事。子祀和子舆是一对非常要好的好朋友。有一天，子舆突发疾病，作为好朋友，子祀前去探望。两人见面交谈时，子舆站在镜子面前，调侃自己说："神奇的造物主啊！竟让我变成驼背！背上还生了五个疮，因为过于伛偻，我的面颊快低伏到肚脐上了。两肩也高高地隆起，比头顶还高，你看，我的脖颈骨竟朝天突起！"

子舆是因为感染了阴阳不调的邪气，所以才变成上面他所说的那副怪模样。但是子舆没有指天骂地，还颇为自得地一步一步走到井边，从井里看自己现在的这副样子，又开自己的玩笑说："哎哟！伟大的造物主又要把我变成这滑稽的模样呢！"

第八章
一腔孤勇又如何，单枪匹马你别怕

子祀有些担心，就问："你是不是厌恶这种病？"子舆说："不，我不厌恶，我为什么要厌恶这种病？如果我的左臂变成一只鸡，那我便用它报晓；如果我的右臂变成弹弓，那我便用它去打斑鸠烤野味吃；如果我的尾椎骨变成车，那我的精神就变成马，这样我就四处遨游，无需另备马车了。得是时机，失是顺应，如果人能安于时机并能顺应变化，那无论是喜是悲都不能侵犯心神，这就是所谓的'解脱'。如果人不能自我解脱，就会被外物所奴役束缚。物不能胜天，这是事实，当我不能改变它时，我为什么不接纳它呢？"

这则故事，真是道尽了生活的智慧。人必须接纳生活，"安于时机并能顺应变化"，才能好好地生活，才能让心神不受侵犯。看看子舆的态度，对自己丑陋的外表非但没有怨天尤人，反而幽默起来，调侃自己，甚至对自己欣赏起来。所以说，人唯有接纳生活、接纳自己，感情和理智才不矛盾，才不会造成烦恼。

接纳自己不是划地自限，而是认清自己。每个人都有优点和缺点，有其特有的能力、经验和机遇，只有能接纳自己，生活才可能变得朝气蓬勃，只有接纳才有喜悦，才知道痛下针砭。否则，就等于是在否定生活，否定自己，那样很容易迷失自己，会在生活上感到空虚和无奈。

在现实生活中，不管遇到什么挫折都要接纳自己，当你想起生活的不如意时，多想想自己的优点。一个懂得接纳生活、接纳自己的人，会把握住自己的做人准则，以自己的言行塑造

人情练达
将心比心的善良，是最高级的修养

自己的人生。

在一个不大的小镇上，有一个退伍军人，他少了一条腿，只能拄着一根拐杖走路。一天，他一跛一跛地走过镇上的马路，过往的人都带着同情的语气说："你看这个可怜的家伙，难道他要向上帝祈求再有一条腿吗？"退伍军人听到了人们的窃窃私语，他便转过身对他们说："我不是要向上帝祈求再有一条腿，而是要祈求上帝帮助我，让我失去一条腿后，也知道该如何把日子过下去。"

人生最大的痛苦莫过于跟自己过不去。一个人的生活幸福与否，完全取决于自己对待生活的态度。当你不能接纳生活、接纳自己时，你就会感觉生活就是无边的苦海，人生就是煎熬。相反，如果你能保持良好的心态，接纳现实的生活和自己，你就会发现生活中的每一天都充满了阳光！

正如印度的哲学家奥修所说："学习如何原谅自己。不要太无情，不要反对自己。那么你会像一朵花，在开放的过程中，将吸引别的花朵。"